O bom perfume de CRISTO

Exalando vida ao longo da jornada

Publicações
Pão Diário

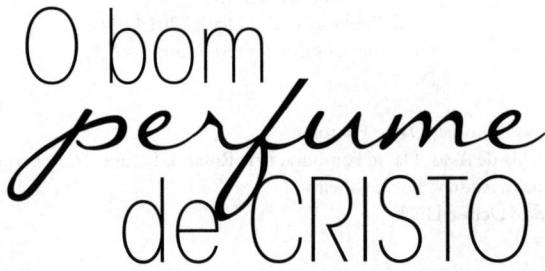

Exalando vida ao longo
da jornada

Samuel Mitt

O BOM PERFUME DE CRISTO
Exalando vida ao longo da jornada
por Samuel Mitt
© Publicações Pão Diário, 2019
Todos os direitos reservados.

Coordenação Editorial: Dayse Fontoura
Revisão: Dalila de Assis, Dayse Fontoura, Rita Rosário, Lozane Winter, Thaís Soler
Projeto gráfico: Audrey Novac Ribeiro
Diagramação: Denise Duck

Dados Internacionais de Catalogação na Publicação (CIP)

Mitt, Samuel
O bom perfume de Cristo — Exalando vida ao longo da jornada
Curitiba/PR, Publicações Pão Diário

1. Encorajamento;   2. Vida cristã;   3. Terceira Idade

Proibida a reprodução total ou parcial, sem prévia autorização, por escrito, da editora. Todos os direitos reservados e protegidos pela Lei 9.610, de 19/02/1998.

Exceto quando indicado no texto, os trechos bíblicos mencionados são da edição Revista e Atualizada de João Ferreira de Almeida © 2009 Sociedade Bíblica do Brasil.

Publicações Pão Diário
Caixa Postal 4190,
82501-970 Curitiba/PR, Brasil
publicacoes@paodiario.org
www.publicacoespaodiario.com.br
Telefone: (41) 3257-4028

Código: CE492
ISBN: 978-65-86078-01-5

1.ª edição: 2020

Impresso no Brasil

Sumário

Apresentação 9
Para começar 11
1   Nunca faltou amor 13
2   Um poço de paciência 16
3   A bondade em pessoa 19
4   A companheira idônea.........................22
5   Duas irmãs em contraste 26
6   O momento oportuno..........................29
7   O pródigo voltou! 32
8   Reverência e admiração 35
9   Uma entrega total.................................38
10 Suavidade e força.................................42
11 O momento decisivo 45
12 Metamorfose espiritual 48
13 Instrumentos nas mãos de Deus 51
14 O cedro do Líbano................................55
15 A força do contentamento 57
16 Um homem sem amor ao dinheiro 60
17 A minha graça te basta 63

18	Um exemplo de vida	66
19	Quando Deus fala	70
20	Um homem aprovado em Cristo	73
21	O efeito catalisador	76
22	Conhecimento e sabedoria	79
23	O perfeito *timing* de Deus	82
24	Três pepitas de ouro	85
25	O apoio imprescindível	88
26	A oportunidade perdida	91
27	Quando Deus escolhe alguém	94
28	Deus cuida de mim	97
29	Olhe para a cruz	100
30	Deus é, e ponto final	103
31	Ouvidos para ouvir	106
32	As infalíveis respostas de Deus	109
33	A glória de Deus	112
34	Um céu sem a cruz	116
35	Obediência imediata	119
36	Não perca o seu dom	122
37	Não rejeite a bênção	126
38	Observe o crachá	129
39	A consolação de Deus	132
40	O ângulo de Deus	136
41	Mais Ele, menos eu…	139

42	Deus tem sempre o melhor	142
43	O lugar da bênção	144
44	Nem mais um passo	147
45	A mensagem em um cálice	150
46	As surpreendentes provisões de Deus	153
47	O brilho da luz de Cristo	156
48	Total dependência de Deus	159
49	Você aceita o desafio?	162
50	Túneis da vida	165
51	Jamais perca a esperança	168
52	O sentido da vida	171

Para terminar..................174

Apresentação

QUEM CONHECE PESSOALMENTE o Pr. Samuel Mitt sabe que ele é um homem que tem muitas histórias. Sempre consegue contar alguma história missionária, de alguma igreja, de um país distante ou de uma cidade brasileira com personagens inusitados e conclusões inesperadas. Seus "causos" sempre alegram e inspiram quem os ouve.

Um homem simples que sempre fala sobre a fé em Deus, a salvação por meio de Jesus, missões e o valor da família. Líder que já influenciou a obra missionária batista no Brasil e no mundo, já abençoou famílias no sertão nordestino e no sul do país. Já dirigiu seminários teológicos e investiu na nova geração pastoreando e mentoreando alunos de teologia como capelão, mesmo depois de aposentado. Nas igrejas por onde tem passado, deixa sua marca nos "filhos espirituais" que agrega ao longo do caminho.

Aqueles que conviveram, e ainda convivem, com o Pr. Samuel ao lerem *O bom perfume de Cristo*, poderão ouvir a sua voz explicando os textos bíblicos e fazendo a aplicação com as suas muitas experiências de vida.

Alguns estudiosos chegam a dizer que a geração de bebês nascidos a partir desta década viverá até os 120 anos. Com tantas pessoas nos dias de hoje vivendo a terceira e quarta idades, somos desafiados a redefinir nossos paradigmas do que é a "velhice" ou como viver essas fases da nossa existência com significado.

Aceitar o desafio de escrever um livro aos 86 anos de idade, já transforma o pastor Samuel em uma inspiração para as próximas gerações. Ele nos leva a refletir sobre qual o caminho a seguir para acumularmos anos tornando-nos sábios.

É um privilégio ler tantas histórias bíblicas conectadas à vida real. Isto nos faz pensar em quantas mais ficaram esboçadas em rascunhos de papel, outras inacabadas no computador, até que essas "privilegiadas" fossem selecionadas para encantar os sentidos dos leitores.

Boa leitura!

—*Pastor Luiz Roberto Silvado*

Para começar

A VELHICE SEMPRE esteve presente em minha vida, a partir da minha avó Maarja (Maria), que, em idade bastante avançada, confidenciou-me certo dia, na língua dos meus pais, o estoniano: "Surm unustas mind" (A morte se esqueceu de mim). Ela não via mais qualquer razão para continuar vivendo.

Por último, foram minhas irmãs, Ketsia, no Lar Rogate, e Gerda, no Lar Vovó Haus, em Curitiba. Ambas faleceram com mais de 90 anos.

Deus me deu a bênção de conviver por 50 anos ao lado da minha querida esposa, Marlene. Ela tinha o dom da misericórdia. Com ela visitei muitos lares para pessoas idosas, tanto no Rio de Janeiro como em Portugal, e percebi como a velhice é dolorosa.

Agora, aos meus 86 anos de vida, consigo ver que podemos nos preparar para enfrentar a velhice com suas limitações. Assim como o jovem se prepara para os desafios do vestibular, temos também de começar nossa preparação para a velhice bem antes de chegarmos à chamada Terceira Idade.

Entendo que o ponto de partida é a decisão de sermos idosos felizes, alegres, confiantes em Deus. Foi o que me aconteceu em Portugal. Fui a uma reunião de pastores, na cidade do Porto, mas cheguei cedo.

Dei uma volta pela pracinha ali perto e vi as árvores sem uma única folha. Era inverno. Vi os troncos carcomidos pelos fungos. Uma coisa feia. Assim é a velhice. Semanas mais tarde, já na primavera, vi aquelas mesmas árvores cheias de flores. Os troncos eram os mesmos, mas havia vida e alegria no ar. Ali mesmo, aos meus 57 anos, decidi que eu seria um idoso alegre.

Escrevo este livro para mostrar a você, leitor, que a sua atitude vale muito em sua caminhada rumo à velhice. Pense que o seu exemplo poderá ser uma inspiração para muitas pessoas ao seu redor. Será o bom perfume de Cristo alcançando outras vidas por seu intermédio.

Quando o Sr. Edilson Freitas, diretor no Brasil de Ministérios Pão Diário, me pediu para colocar no papel algo inspirativo para as pessoas que chegaram à Terceira Idade, decidi me basear naquilo que foi minha experiência no convívio com muitas pessoas. Elas me inspiraram a viver e a colocar minha confiança naquele que tudo pode, o Senhor Deus.

Aflito e triste coração.
Deus cuidará de ti.
Tens nos seus braços proteção.
Deus cuidará de ti. (HCC 33)

—*Samuel Mitt*

1

Nunca faltou amor

OS PRIMEIROS TEMPOS no Brasil não foram fáceis. Meus pais, Arnold e Adele (Arnaldo e Adélia), ao chegarem da Estônia com suas filhas, Ketsia e Gerda, estabeleceram-se numa colônia de imigrantes no Sul de Minas Gerais. Ali tudo era diferente. Novo idioma, outra cultura e novos relacionamentos.

Eles tiveram de viver com o que a terra produzia. Recebiam alguma ajuda do governo para enfrentar o novo começo. Felizmente, contavam com o apoio de outras famílias de imigrantes.

Com o passar do tempo, a família foi crescendo. Era preciso trabalhar mais para sustentar a todos. Eles plantaram café e a colheita foi boa, mas veio a Grande Depressão nos Estados Unidos, e os preços despencaram. Depois, eles decidiram criar bichos-da-seda. Amoreiras foram plantadas e viveiros foram preparados. Quando parecia que daria certo, apareceu uma praga e acabou com tudo.

Meu pai teve a infelicidade de sofrer uma pancada no joelho enquanto rachava lenha. Isso resultou num longo período em um hospital. O joelho da perna esquerda perdeu a mobilidade na articulação, e isso resultou na mudança para a cidade de Pouso Alegre/MG. Ali, uma nova etapa teve início.

Na casa dos meus pais, o dinheiro sempre foi curto. A mãe fazia um tremendo esforço para cobrir as despesas do mês. Nisso ela era boa, porque na Estônia adquiriu experiência sendo agente dos correios.

Quando analiso a realidade dos meus pais, percebo que o dinheiro era pouco, mas nunca faltou amor. Como eles se amavam! Não me lembro de tê-los visto em acaloradas discussões. O laço que os unia era Jesus Cristo.

Esse amor que tinham um pelo outro sempre foi um fator de segurança para mim, na infância e nas crises da adolescência. Eles falharam, como qualquer ser humano e erraram em muitas coisas, mas creio que procuraram fazer o seu melhor.

Em 2006, vivi um momento de grande emoção quando pude voltar ao sítio onde ficava a casa dos meus pais. Ali eu nasci. Fui com a minha irmã Gerda, e ela descrevia como eram as coisas naquele tempo. Depois, enquanto ela foi dar uma volta pelas redondezas, tirei do bolso o Novo Testamento dos Gideões Internacionais e li com enorme gratidão a Deus os versículos 14 a 17 do Salmo 139. O esplendoroso céu azul e o ar extremamente agradável me ajudaram a dar graças e louvores ao Senhor pela vida dos meus pais.

John Drescher, em seu livro *Se eu começasse minha família de novo* (Editora Cristã Unida, 1996, p.5) diz algo muito precioso: "Se eu estivesse começando minha família de novo, eu amaria mais a mãe dos meus filhos.

Isto é, eu estaria mais livre para deixar que meus filhos soubessem que eu amo sua mãe".

Concluo dizendo que, na casa dos meus pais, nunca faltou amor!

"As muitas águas não poderiam apagar o amor nem os rios, afogá-lo; ainda que alguém desse todos os bens da sua casa pelo amor, seria de todo desprezado." —CÂNTICO DOS CÂNTICOS 8:7

2

Um poço de paciência

TENHO A CERTEZA de que Jesus gostava de perfume. Ele estava com Seus discípulos na casa de Lázaro, no povoado de Betânia, onde Marta lhe ofereceu um jantar. Lá pelas tantas, Maria, irmã de Marta, apanha um frasco de nardo puro, com cerca de 300 ml, e derrama sobre os pés de Jesus e os enxuga com seus cabelos. O texto, que está em João 12:1-8, diz que "encheu-se toda a casa com o perfume do bálsamo". O valor desse perfume era alto, pois um dos discípulos, Judas Iscariotes, que entendia de dinheiro, fez a avaliação em termos de 300 denários. O denário era o pagamento que um trabalhador braçal recebia por dia de trabalho. Para você ter uma ideia desse preço, multiplique por 300 o que uma diarista ganha por dia em sua cidade. Esse valor é diferente nas diversas regiões do Brasil, mas é muito alto.

Jesus apreciou o gesto de Maria, e, quando os discípulos a criticaram pelo "desperdício" dizendo que poderia ter sido vendido e o valor dado aos pobres, o Senhor a defendeu afirmando que ela havia praticado uma boa ação.

Quem não gosta da fragrância de um bom perfume? Certamente, até Jesus!

Agá Bezerra Henck era a esposa do Pr. João Emilio Henck. Ele liderava a Primeira Igreja Batista de Curitiba na época em que nossa família se mudou de Indaial/SC para Curitiba, em 1943.

Desejo falar de três momentos que vivenciei com Dona Agá.

O primeiro momento foi quando fomos frequentar aquela igreja. Aos meus 11 anos, fui participar no departamento liderado por ela. Até hoje soa nos meus ouvidos o refrão que ela usava todos os domingos: "Bom dia, crianças!". Nós respondíamos: "Bom dia, senhora", e depois seguia o cântico. O que me encantava nela era o sorriso sempre presente em seu rosto.

O segundo momento foi quando ela liderava a União de Adolescentes, da qual eu era o presidente. Você pode imaginar a algazarra que aquele grupo fazia antes da sua chegada. Não me lembro de tê-la visto alguma vez irritada.

Era a paciência personificada. O bom perfume de Cristo se manifestava através dela pela sua paciência. Entre os adolescentes também estava Nilson Fanini, que viria a ser um líder, pastor e evangelista.

Um período marcante para mim foi quando Dona Agá fez uma série de palestras sobre Eurico Alfredo Nelson, conhecido como "O Apóstolo da Amazônia". Ela conseguiu descrever com muita emoção as experiências desse missionário no contato com os ribeirinhos ao longo do rio Amazonas e seus afluentes. Eu não imaginava que, muitos anos depois, Deus me levaria, não ao rio Amazonas, mas à Rodovia Transamazônica, na realização da Operação Transtotal, através da Junta de Missões Nacionais da Convenção Batista Brasileira (JMN/CBB).

Meu terceiro momento com Dona Agá foi quando, na juventude, participei do Coro A. B. Deter, sob a regência dela. Com que paciência ela ensaiava as vozes, sempre procurando alcançar a perfeição! Mais uma vez, na sua paciência, estava o bom perfume de Cristo em ação.

Assim como a saudosa Dona Agá, uma pessoa que consegue sorrir e demonstrar uma atitude paciente fala muito às pessoas com as quais se relaciona. Se você, já na sua Terceira Idade, não consegue fazer muito, pode pelo menos sorrir e ser paciente. As pessoas, com certeza, se lembrarão do seu sorriso e da sua paciência.

> *"Então, a nossa boca se encheu de riso, e a nossa língua, de júbilo; então, se dizia entre as nações: Grandes coisas o SENHOR tem feito por eles."*
> —SALMO 126:2

3

A bondade em pessoa

A BONDADE É um dos componentes do fruto do Espírito, conforme a palavra do apóstolo Paulo na carta aos cristãos da Galácia (GÁLATAS 5:22,23). Um exemplo notável de bondade foi demonstrado por Davi após a morte do rei Saul, quando desejou ajudar algum descendente do rei morto. Ele soube da existência de Mefibosete, neto de Saul, filho do seu amigo Jônatas, que também morreu na batalha ao lado de seu pai. Davi chamou Mefibosete e comunicou que lhe transferiria todas as propriedades que tinham sido do seu avô. Mais ainda, Mefibosete passaria a residir no palácio do rei Davi e comeria à mesa com ele. Que maravilhoso e surpreendente gesto para com um descendente daquele que tanto fez para tirar Davi do seu caminho! Não foram poucas as vezes que Saul tentou matar Davi.

Na minha experiência pessoal, vivenciei o melhor exemplo de bondade com a Dona Edith, esposa do missionário Dr. A. Ben Oliver. Eu tive meu primeiro contato com ela quando estava com 10 anos ao nos mudarmos para Curitiba. Ela morava perto da nossa residência. A casa dela era uma delícia para os meus olhos. Móveis, quadros, bordados, tanta coisa interessante! Melhor do que tudo, entretanto, era o cheiro que vinha da cozinha quando ela preparava biscoitos.

Sabendo que eu gostava de inglês, ela passou a me dar periodicamente duas revistas: *Royal Ambassador*, da organização para meninos "Embaixadores do Rei", e *The Comission* (A Comissão), com notícias sobre o trabalho missionário no mundo. Ela não podia imaginar como essas duas revistas seriam importantes para a minha formação missionária.

Quando eu estava com 17 anos, ela me perguntou se eu gostaria de ir estudar nos Estados Unidos. Eu disse que não, porque ainda não tinha uma ideia clara do que pretendia fazer no futuro, e também porque precisaria primeiro servir ao Exército antes de embarcar para o exterior.

Mais tarde, quando Deus me chamou para o ministério, fui estudar no Seminário Teológico Batista do Sul do Brasil, no Rio de Janeiro. Lá me encontrei novamente com Dona Edith. O seu marido havia sido convidado para ocupar a reitoria daquele Seminário. Ela se ofereceu para me ensinar a tocar órgão. Por mais que tentasse me ajudar, não deu certo. Eu não conseguia entender aquelas quatro notas que apareciam na pauta musical! Valeu a bondade e o carinho que ela demonstrou para comigo! Felizmente, no meu ministério, nunca precisei tocar órgão nem piano. Isso ficou por conta da Marlene e da filha, Angela. Cada qual com sua habilidade!

Quando nós, pela graça de Deus, chegamos à Terceira Idade, nosso gestos e atos de bondade são bem recebidos por aqueles que vivem ao nosso lado. Uma palavra amável, um sorriso, um gesto carinhoso falam muito alto, especialmente às crianças e aos adolescentes. Quem não gosta de conviver com uma pessoa bondosa? Seja você, pelo poder do Espírito Santo, essa pessoa que manifesta o bom perfume de Cristo através de sua bondade.

"Mas o fruto do Espírito é: amor, alegria, paz, longanimidade, benignidade, bondade, fidelidade, mansidão, domínio próprio."
—GÁLATAS 5:22,23

4

A companheira idônea

NÃO MUITO TEMPO atrás, fui convidado a falar em um retiro "Celebrando a vida", em Curitiba. Deram-me o tema "A mulher na família sacerdotal". Decidi falar sobre Marlene, minha companheira de vida ao longo de 50 anos.

Iniciei minha palestra, lendo a passagem em Gênesis, onde Deus toma uma decisão. O texto assim registra: "Disse mais o SENHOR Deus: 'Não é bom que o homem esteja só; eu lhe farei uma ajudadora que lhe seja adequada'" (GÊNESIS 2:18 ALMEIDA SÉCULO 21).

A Bíblia Nova Tradução na Linguagem de Hoje este mesmo versículo da seguinte forma: "...vou fazer para ele alguém que o ajude como se fosse a sua outra metade". Dividi minha palestra em duas partes, sendo a primeira: "A Marlene que todos conheceram, uma mulher exuberante e sábia".

Ela fez importantes escolhas na vida. Entregou sua vida a Jesus quando estava com 9 anos. Tinha uma vocação para o magistério, daí ter estudado na Escola Normal de Curitiba, recebendo o título de professora.

Aos 16 anos, durante uma pregação do saudoso Pr. David Gomes, ela sentiu o chamado missionário.

Marlene soube esperar no Senhor até que eu apareci! Casamos com a plena certeza de que Deus estava nos abençoando em nossa decisão.

Ela foi uma mulher que honrou seus pais. Seu grande desejo era vir morar em Curitiba, onde os pais residiam, para cuidar deles. Isso aconteceu quando fui chamado para ser o reitor do Seminário Teológico Batista do Paraná.

Ela se entregava de corpo e alma na execução das tarefas que Deus lhe dava para fazer. Tudo era realizado com total esmero e dedicação.

Ela foi uma mulher que brilhou na educação dos filhos. Atuou como mãe, enfermeira, professora, disciplinadora e como uma sacerdotisa do lar. Como eu precisava me ausentar de casa, em longas viagens no cumprimento das minhas responsabilidades missionárias, muita coisa ficava sob a sua administração — casa e filhos. Quanto trabalho com os três: Angela, Davi e João Marcos, especialmente quando entravam em casa com alguma parte do corpo sangrando!

Marlene valorizava as amizades. Sua roda de amigas era muito grande. Um dia ela me confidenciou que, no seu túmulo, gostaria que ali fosse colocado o epitáfio: "Aqui jaz uma amiga". Quantas cartas escreveu! Quantos telefonemas! Naquele tempo ainda não existia o *WhatsApp!*

Ela era uma mulher com refinado senso de humor. Gostava de contar coisas interessantes. Eu não me cansava de ouvi-la contar as mesmas piadas. A gargalhada de todos era uma coisa certa!

Ela foi uma ajudadora exemplar. Quando eu me preparava para falar aos pastores do Brasil, em um congresso em Cuiabá, em janeiro de 2010, compartilhei sobre o que pretendia falar sobre ela. Ela me disse: "Não fale nada disso! Diga apenas que Deus lhe deu uma companheira idônea".

Na segunda parte da palestra, foquei a Marlene que eu conheci na intimidade, "uma mulher corajosa e sábia".

Ela se considerava uma pessoa tímida, mas, quando precisava enfrentar uma situação de emergência, era muito ousada. Quando nosso filho João Marcos, aos 8 anos, subiu no pé de sapoti, na casa onde morávamos no Rio de Janeiro, e caiu, eu estava em viagem. Ao cair dessa árvore, fraturou o braço. Ela agiu depressa. Apanhou nossa Variant e seguiu rumo ao pronto-socorro no Hospital do Andaraí. Ela era muito rápida no momento de agir.

Ela foi uma mulher que tinha sua fonte de sabedoria no grande amor à Palavra de Deus. Estudava muito antes de apresentar suas palestras. A Bíblia que usava está repleta de anotações.

Marlene vivenciou um profundo relacionamento com Deus. Sua agenda de intercessão estava repleta de nomes por quem orava constantemente. Gostava de ter jornadas de oração comigo que se estendiam por longas horas.

Para terminar minha palestra naquele retiro, apresentei uma linda foto de uma violeta de jardim que a nossa filha Angela conseguiu na Internet. Eu disse que Marlene era como aquela flor. Fazia as coisas, mas não gostava de aparecer. O perfume da violeta é suave, mas muito marcante. Assim foi Marlene. Era a sua forma de permitir que o bom perfume de Cristo se manifestasse através dela, para a glória de Deus.

Finalizo estas considerações, colocando o versículo que sempre norteou a abençoada trajetória da Marlene neste mundo:

> *"Buscai, pois, em primeiro lugar,*
> *o seu reino e a sua justiça, e todas*
> *estas coisas vos serão acrescentadas."*
> —MATEUS 6:33

5

Duas irmãs em contraste

TEMPOS ATRÁS, O Pr. L. Roberto Silvado, da Igreja Batista do Bacacheri, em Curitiba, falou a respeito de duas pessoas em ação. Uma segue fielmente a tirania do relógio. Tudo deve ser feito às pressas, dentro do horário. A outra pessoa se deixa guiar pelo que acontece no momento, sem se preocupar com o andar das horas. Ela quer aproveitar ao máximo o momento que está vivendo. Cada uma delas age dentro do seu ritmo de vida.

O texto de Lucas 10:38-42 fala de duas irmãs, Marta e Maria. Marta certamente era guiada pelo relógio, ao passo que Maria se deliciava com o que estava acontecendo.

Imagine a cena quando Jesus estava para chegar à casa delas em Betânia. Acho que Marta varreu a casa, tirou o pó dos móveis, colocou uma toalha bonita sobre a mesa e flores no vaso. Enquanto isso, Maria estava à janela aguardando com expectativa a chegada do Mestre.

Quando Jesus entra na casa, Marta vai à cozinha para completar os últimos preparativos da refeição.

Maria prefere ficar conversando com Jesus e ouvir o que Ele tem a dizer. Marta não aguentou, foi a Jesus e reclamou que Maria nada fazia para lhe ajudar. A resposta de Jesus foi cheia de amor, mas muito enfática: "Marta! Marta! Andas inquieta e te preocupas com muitas coisas. Entretanto, pouco é necessário ou mesmo uma só coisa..." (LUCAS 10:41,42). Marta queria fazer o melhor para oferecer a Jesus, mas dentro do horário. Maria escolheu aproveitar o momento ficando aos pés de Jesus. Quem estava com a razão? Ambas estavam certas, cada uma a seu modo.

Tive duas irmãs muito parecidas com Marta e Maria. Gerda era como Marta, sempre ativa, sem conseguir parar um minuto sequer. Ketsia, a outra irmã, era tranquila e gostava de conversar.

Gerda começou a estudar bem tarde, mas avançou bem e conseguiu completar seus estudos na Escola de Enfermagem Ana Neri, da Universidade Federal do Rio de Janeiro. Ela exerceu a função de enfermeira em vários contextos, ocupando cargos de grande responsabilidade. O bom perfume de Cristo se manifestava nela pela prontidão em ajudar as pessoas, principalmente na área financeira. Ela tinha um coração muito generoso. Gostava de ajudar as ONGs com uma contribuição mensal. Isso ela fazia com grande satisfação.

Ketsia, por sua vez, gostava de conversar com as pessoas. Nas igrejas que frequentou, sempre procurava ter contato com os visitantes. Quanta gente foi abençoada pelo que ela fez nessa área! Sua vida era cercada de oração. Enfrentou muitas dificuldades na vida, mas conseguiu criar seus quatro filhos. Três deles puderam completar seus estudos universitários e encontraram seus respectivos lugares no mundo.

As duas, Ketsia e Gerda, chegaram a ultrapassar a casa dos 90 anos. Já no final da vida, ambas continuaram agindo. Ketsia conversando e Gerda ajudando as ONGs. Foram vidas cheias de frutos, cada uma de modo diferente. Gerda nunca se casou, daí a possiblidade de realizar tantos trabalhos sem preocupações com a família.

Voltemos a Jesus, Marta e Maria. Será que Ele não gostava da boa comida que Marta preparava? Com certeza Ele saboreava tudo com muito gosto. Mas Ele também gostava de ver o modo como Maria ouvia com atenção Seus conselhos.

Você, leitor, não se preocupe com o seu jeito. Jesus gosta de você assim como você é. Seja genuíno e sincero. Faça o seu melhor de acordo com sua personalidade e sua forma de ser. Permita que o bom perfume de Cristo permeie suas ações, não importa qual seja a sua idade. Jesus aceita você exatamente como você é. Que bom, não é mesmo?

> *"Servi uns aos outros, cada um conforme o dom que recebeu, como bons despenseiros da multiforme graça de Deus."*
> —1 PEDRO 4:10

6

O momento oportuno

A PALAVRA "OPORTUNIDADE" vem do latim *ob portus,* que significa "ao porto". A oportunidade acontecia quando dois fatores, maré alta e vento favorável, permitiam que os barcos chegassem ao porto. É o momento oportuno para a coisa acontecer.

Na língua grega, temos duas palavras para "tempo": *Kronos*, medido pelo relógio, e *Kairós*, que se assemelha ao *ob portos* latino. *Kairós* é o tempo quando as coisas acontecem. É o momento de Deus falar ao coração de uma pessoa.

O apóstolo Paulo escreve aos cristãos de Corinto fazendo a seguinte afirmação: "Digo-lhes que agora é o tempo favorável, agora é o dia da salvação" (2 CORÍNTIOS 6:2 NVI).

Leopoldo Soares era amigo do meu sogro, Wilson Serrão. Ambos serviam na mesma unidade militar da cidade gaúcha de Rio Grande. Leopoldo era filho de um evangelista muito ativo. O pai orava pedindo a Deus que Leopoldo não morresse sem se decidir por Cristo. Ele foi crescendo e acabou se casando com Leonor, uma jovem muito dedicada ao Senhor. Tiveram quatro filhas e um filho de nome Wanderley.

Wilson, meu sogro, casou-se com Hedwiges e com ela teve um filho e duas filhas, sendo uma delas, Marlene, com quem me casei.

Leopoldo era um daqueles chamados "amigos do evangelho". Estão na igreja, cantam, contribuem etc., mas nunca entregam a vida a Jesus.

As filhas casaram, e cada qual tomou seu rumo, mas Wanderley, também casado, ficou morando perto da casa dos pais. Certa manhã, ele contou ao pai que a filhinha havia caído do beliche durante a noite. Ele recomendou que Wanderley tomasse mais cuidado com ela. Dias depois, a menina caiu de novo e o pai soube.

Numa madrugada, com Leopoldo já tendo uma idade avançada, ele pensou: "Amanhã vou falar com meu filho e dizer-lhe que está brincando com algo muito sério!". Imediatamente, a voz do Espírito Santo falou ao seu coração: "Você, Leopoldo, também está brincando com uma coisa séria. Você ainda não se decidiu por Jesus". Imediatamente, ele tomou a decisão de fazer isso na primeira oportunidade.

Na igreja, onde Leonor frequentava, no Rio de Janeiro, estava havendo uma série de conferências evangelísticas. Após a mensagem, o pregador fez o apelo e, para a surpresa de todos, Leopoldo foi à frente e ali entregou sua vida a Jesus.

Existe sempre o momento oportuno, o *Kairós* de Deus, quando o Espírito Santo fala ao coração de forma irresistível. Foi o que aconteceu com Leopoldo e pode também acontecer com você. Esteja atento à voz do Céu quando falar ao seu coração. Não importa sua idade. O resultado será uma nova vida em Cristo, com as suas consequências transformadoras.

> *"Crê no Senhor Jesus e serás salvo, tu e tua casa."*
> —ATOS 16:31

7

O pródigo voltou

NAS ÚLTIMAS INSTRUÇÕES de Jesus aos Seus discípulos, na véspera da Sua crucificação, Ele lhes prometeu que o Espírito Santo seria enviado para os consolar. A missão dele seria tríplice: 1) convencer o mundo do pecado, da justiça e do juízo; 2) guiar os discípulos em toda a verdade e 3) glorificar a Jesus (JOÃO 16:7-15).

Na grande missão de convencer o mundo do pecado, Ele usa os mais variados meios. Todos quantos já tiveram um encontro pessoal com Cristo podem testificar das várias formas de Ele falar ao coração das pessoas.

Um fato interessante aconteceu na Igreja Batista de Botafogo, no Rio de Janeiro, anos atrás. Um homem, que não era crente, vendo que a porta estava aberta, entrou no salão de cultos. Era uma assembleia administrativa da igreja. Ele sentou e ficou ouvindo o que ali era tratado. Quando chegou o momento do relatório financeiro, com o tesoureiro explicando todos os gastos, foi o ponto de partida para, mais tarde, ele fazer sua decisão por Cristo. Ele era um contabilista e gostava da exatidão dos números. Fantástico! Foi o Espírito Santo em ação naquele contexto.

Eu sentia com muita força o Espírito Santo falando ao meu coração no tempo da minha adolescência. Ele usava as pregações e, de modo muito especial, os cânticos. Quanto me dizia o hino 259, do Cantor Cristão!

Ao findar o labor desta vida
Quando a morte ao teu lado chegar
Que destino há de ter a tua alma?
Qual será no futuro teu lar?

Meu amigo, hoje tu tens a escolha:
Vida ou morte qual vais aceitar?
Amanhã pode ser muito tarde,
Hoje Cristo te quer libertar.

Era um hino longo, com cinco estrofes. Cada estrofe tinha um apelo para a entrega da vida a Jesus. Somente ao completar 21 anos, assumi um compromisso definitivo com o Senhor.

Esse hino, na sua letra e música, foi composto por João Dieners. Tive a satisfação de conhecê-lo em São Paulo, quando fui àquela cidade estudar Administração Industrial, em 1954. Eu via João Dieners nos cultos, chorando, mas não sabia qual era o motivo. Anos mais tarde descobri sua história.

Ele era de origem leta (Letônia), muito dedicado às coisas do Senhor, especialmente na área da música. Infelizmente, ele sucumbiu ao domínio do álcool e se afastou da igreja, tornando-se um verdadeiro alcoólatra.

Certo domingo, à noite, ele estava caminhando pela praça Princesa Isabel, em São Paulo, onde ficava o templo da Primeira Igreja Batista. O culto estava terminando, e ele ficou profundamente tocado porque estavam cantando exatamente o hino que ele havia composto.

O pastor da igreja, Dr. Tertuliano Cerqueira, foi à porta para se despedir das pessoas. João Dieners se aproximou e, para espanto do pastor, disse que ele era o compositor daquele hino!

Dr. Tertuliano, que era também médico, deu todo o apoio para que João Dieners se libertasse do álcool. Ele vivenciou uma completa restauração. O bom perfume de Cristo começou novamente a se manifestar através da sua vida. As lágrimas dele eram de arrependimento pelos anos que passou longe do Senhor. Felizmente voltou à comunhão dos crentes e passou a integrar o coro da Primeira Igreja Batista.

A vida de João Dieners tem um poderoso apelo. Se alguém se afastar dos caminhos de Jesus, sempre existirá a possibilidade de uma restauração. O tempo perdido pode ser recuperado através de maior dedicação às atividades do reino de Deus. Foi o que aconteceu com João Dieners nos anos finais da sua vida, pois veio a falecer pouco tempo depois. Se você está afastado do Senhor, volte. Sempre é tempo de um novo recomeço!

Se decides deixar teus pecados,
E entregar tua vida a Jesus,
Trilharás, sim, na última hora
Um caminho brilhante de luz.

(CC 259)

8

Reverência e admiração

A BÍBLIA TEM muitas bênçãos para o homem que teme ao Senhor. Primeiro, é preciso entendermos o que significa "temer a Deus". Li, certa vez, um livro escrito por um rabino de Nova Iorque, onde ele descreveu o significado da expressão "temor a Deus". Ele disse que abrange duas vertentes. Uma delas é ter um profundo respeito a Deus e a tudo quanto se relaciona com Ele, Seu nome, Sua Palavra, Seu agir etc. A outra vertente fala da admiração por tudo aquilo que Deus faz. Admiração pela natureza que Ele criou, a ação dele no propósito da redenção do ser humano, bem como a atividade dele fazendo com que todas as coisas concorram para o bem daqueles que o amam.

O Salmo 128 inclui algumas das bênçãos que cercam esse homem que teme ao Senhor. O texto bíblico diz: "Bem-aventurado aquele que teme ao Senhor e anda nos seus caminhos! Do trabalho de tuas mãos comerás, feliz serás, e tudo te irá bem. Tua esposa, no interior de tua casa, será como a videira frutífera; teus filhos, como rebentos da oliveira, à roda da tua mesa. Eis como será abençoado o homem que teme ao SENHOR!" (SALMO 128:1-4).

Encontrei um homem bem-aventurado na pessoa de Hans Seitz. Tive o primeiro contato com ele quando, no final do primeiro ano do Seminário Teológico, fui realizar atividades no Rio Grande do Sul junto a várias igrejas. Na chegada a Porto Alegre, fiquei hospedado em sua casa, onde vim a conhecer sua esposa, Erna, e seus filhos adolescentes, Bruno, Ivo e Clóvis.

Foi uma semana muito abençoada na igreja, ao ministrar às crianças nas tardes e, à noite, aos jovens e adultos.

Na casa de Hans, a gente sentia a presença do bom perfume de Cristo. O casal tinha um grande respeito pelas coisas de Deus, e os filhos eram criados na disciplina do Senhor.

Anos mais tarde, tive o privilégio de ser convidado a assumir a liderança de uma igreja, na capital gaúcha, onde a família congregava. A igreja estava na fase final da construção do seu templo. O irmão Hans era o tesoureiro e o responsável pelo andamento das obras. Aos poucos, os trabalhos foram terminando, e, num culto festivo, o templo foi inaugurado. Nesse culto, eu disse que a igreja daria o seu melhor para que a obra missionária pudesse se expandir no Brasil e no mundo.

Poucos meses depois, em obediência ao chamado de Deus, partimos para Carolina, no Maranhão. Deixamos aquela amada igreja sentindo muita saudade daqueles irmãos que nos cercaram com tanto carinho.

A igreja teve muita dificuldade para entender o porquê de deixarmos o campo gaúcho, tão necessitado de obreiros, e partirmos para a distante região da Amazônia. Foi difícil, mas, quando Deus fala, é preciso obedecer.

Leitor amigo, permita que o "temor a Deus" seja uma preciosa realidade em sua vida. Tenha um profundo respeito por Ele e se alegre em tudo o que Ele realiza em sua vida, mesmo quando você não é capaz de entender os Seus caminhos. Tenha a convicção de que Ele o estará conduzindo na direção certa. E você será o bom perfume de Cristo ao seu redor.

"O caminho de Deus é perfeito;
a palavra do Senhor é provada; ele é escudo
para todos os que nele se refugiam."
—SALMO 18:30

9

Uma entrega total

O CHAMADO MISSIONÁRIO envolve uma entrega total. Foi o que aconteceu com Abraão. Ao lado de sua esposa Sara, ele vivia junto ao rio Eufrates, em Ur dos Caldeus. Certo dia, ele recebeu um chamado do Senhor em termos bastante definidos: "Sai da tua terra, da tua parentela e da casa de teu pai e vai para a terra que te mostrarei; de ti farei uma grande nação, e te abençoarei, e te engrandecerei o nome. Sê tu uma bênção!" (GÊNESIS 12:1,2).

Diante de um chamado nesses termos, Abraão decidiu obedecer. A epístola ao Hebreus faz a seguinte observação: "Pela fé, Abraão, quando chamado, obedeceu, a fim de ir para um lugar que devia receber por herança; e partiu sem saber aonde ia" (HEBREUS 11:8). Ao sair para um contexto totalmente desconhecido, ele teve de fazer uma entrega total.

O chamado dele envolveu três consequências: foi convocado a sair da sua "zona de conforto" (casa dos pais), partir para um novo contexto (Canaã) e vivenciar uma nova realidade (total dependência de Deus).

A obediência ao chamado do Senhor sempre envolve uma saída da "zona de conforto".

A vida de Abraão, em Ur dos Caldeus, dependia do rio Eufrates. As suas águas vinham do degelo da neve que se acumulava nas montanhas. Todos os anos, o rio enchia e regava os canais que havia no seu delta, próximo ao mar. Ao partir para Canaã, Abraão passou a depender das chuvas vindas do céu.

O missionário, assim como Abraão, deixando para trás sua "zona de conforto", passa a viver em função dos recursos concedidos por Deus. Ele sabe que, no tempo certo, as chuvas do Senhor cairão para regar o quintal de sua vida. É uma forma de se dizer que, ao buscar o reino de Deus em primeiro lugar, em obediência ao Senhor, jamais lhe faltará o sustento para a execução do trabalho que lhe foi confiado (MATEUS 6:33).

Estávamos, Marlene e eu, cumprindo nossa missão no Instituto Teológico Batista de Carolina, no Maranhão, quando a missionária Lúcia Margarida Pereira de Brito chegou. Ela foi designada pela Junta de Missões Nacionais da Convenção Batista Brasileira (JMN/CBB) para nos ajudar na formação de jovens vocacionados para servirem nas igrejas, na abertura de frentes missionárias e em escolas de nível primário.

Lúcia Margarida recebeu a missão de dar aulas e administrar o internato feminino do Instituto, atividades essas que executou com admirável dedicação. Era o bom perfume de Cristo em ação! Ela vivenciou, no contexto missionário, exatamente o que aconteceu com o patriarca Abraão. Ela se entregou totalmente ao cumprimento dos propósitos de Deus para a sua vida.

Mais tarde, com a realização da Operação Transtotal, suas atividades se estenderam à rodovia Transamazônica. Com que empenho ela realizava seu trabalho junto aos colonos daquela grande rodovia!

Depois, em companhia da missionária Sônia Mota dos Anjos, foi servir na abertura da frente missionária em Tefé, junto ao rio Amazonas. O bom perfume de Cristo foi sentido por todos quantos conviveram com ela naquele campo tão distante.

Mas Deus tinha para ela mais um desafio ao ser convidada para ser a Diretora Executiva da União Feminina Missionária Batista do Brasil. Tenho a certeza de que não foi fácil para ela aceitar esse cargo executivo visto que seu coração sempre esteve voltado às frentes missionárias. Em obediência ao Senhor, ela aceitou o desafio e, com eficiência e dedicação, realizou seu trabalho ao longo de muitos anos.

Ainda hoje, já aposentada, Lúcia Margarida continua a permitir que o bom perfume de Cristo se manifeste através de sua participação no Projeto Viver, junto às crianças, como forma de prevenção ao uso de drogas.

No decorrer do seu longo ministério missionário, Lúcia Margarida se destacou por uma intensa vida de oração. Digo isso para incentivar as pessoas de todas as idades a seguirem seu exemplo. Quanto ela conseguiu realizar numa total dependência do Senhor!

Se você já tem um programa de oração, siga o seu exemplo. Continue a orar, na certeza de que "Muito pode, por sua eficácia, a súplica do justo" (TIAGO 5:16).

Na parede de sua casa, Lúcia Margarida tem um quadro, com um bordado em ponto de cruz, que lhe serve de inspiração:

"Bendito seja Deus, que não me rejeita a oração,
nem aparta de mim a sua graça."
—SALMO 66:20

10

Suavidade e força

EM SEU LIVRO *As Obras da Carne e o Fruto do Espírito* (Edições Vida Nova, 1988), William Barclay dá uma excelente explicação para a palavra "mansidão", conforme o idioma grego. Ele diz que envolve duas ideias: "Suavidade" e "Força", e dá um exemplo. É como um cão, feroz para com os estranhos, mas dócil para com a pessoa de casa.

Minhas recordações me levam à casa da nossa filha Angela, onde Pedro Henrique, nosso neto em seus 7 anos, brincava com Nina, uma Rottweiler preta cuja presença inspirava medo. Entretanto, quando um estranho se aproximava do portão, era aquele "show" de ferocidade que ela dava.

Em Portugal, eu costumava ver da janela do nosso apartamento o vizinho fazendo a limpeza nas parreiras. Isso acontecia no começo da primavera. Com suavidade, ele usava as mãos para retirar a palha seca. De repente, colocava a mão no bornal e de lá retirava o alicate de podar. Com mão firme, ele usava o instrumento para cortar os ramos que julgava serem inúteis para a próxima safra. Suavidade e força, numa perfeita ilustração para a palavra "mansidão".

Nós vimos a mansidão presente na vida de um querido casal, Pr. Wilson França e sua esposa, Cláudia. Nós os conhecemos quando vieram transferidos do Acre, onde trabalhavam para nos ajudar nas atividades do Instituto Teológico, em Carolina, no Maranhão. Seu filho adolescente, Wilson França Filho, veio junto.

Dona Cláudia era a suavidade em pessoa. A sua palavra era mansa e tranquila, nas aulas e no relacionamento pessoal. Quanto apoio deu à Marlene nos momentos quando mais precisava, especialmente no tempo da gravidez do nosso filho João Marcos! Houve momentos de grande preocupação, mas Dona Cláudia sempre esteve presente.

Aprendemos com ela o 11.º mandamento, que ficou sendo um verdadeiro refrão em nossa casa! Marlene e Dona Cláudia estavam conversando na sala de nossa casa quando Marlene se levantou para ver o que o nosso filho Davi estaria fazendo no quarto. "Marlene", disse ela, "você não conhece o 11.º mandamento? Nunca mexer com quem está quieto!". Foi aquela gargalhada!

Dona Cláudia amava as letras. Com as palavras ela escreveu muita coisa interessante, que trouxe grande inspiração às pessoas que leram seus escritos. Nisso e nas outras coisas, ela manifestava o bom perfume de Cristo.

O Pr. Wilson era aquela firmeza. No falar e no agir com os alunos do Instituto. Ele tinha a palavra certa para cada momento. Havia muita sinceridade naquilo que falava e fazia.

Os momentos juntos foram inúmeros. Certa vez, na companhia dele e também do Pr. J.J. Oliveira Filho, fizemos uma extensa viagem missionária que durou 23 dias. Estivemos com missionários ao longo da rodovia Belém-Brasília e chegamos a alcançar vários pontos junto do rio Araguaia. Sempre prestativo, Pr. Wilson foi um ótimo apoio naquela cansativa viagem.

Mais tarde, já na sede da JMN/CBB, onde vim a ser o diretor executivo, tive na pessoa do Pr. Wilson um auxiliar de primeira linha como secretário assistente. Quanto me ajudou no exercício daquela função! Quando o casal se aposentou, foram residir na casa do filho, Wilson, em Rio das Ostras, no estado do Rio de Janeiro. Fomos visitá-los, Marlene e eu, para nos despedirmos de Dona Cláudia, já doente, que pouco tempo depois veio a falecer. O Pr. Wilson sobreviveu ao golpe, reconhecendo que precisava continuar servindo ao Senhor. Deus lhe deu o dom de escrever, e ele começou a publicar livros através da Escola Bíblica do Ar, no Rio de Janeiro.

Você não vai acreditar, mas dias atrás, já com seus 98 anos, ele me mandou o último livro que acabara de escrever: *Laços de Amor* (Editora EBAR, 2016). Impressionante! O bom perfume de Cristo esteve presente em todo o seu ministério missionário e ainda continua a estar naquilo que faz. Quanta vitalidade!

> *"...mas os que esperam no Senhor renovam as suas forças, sobem com asas como águias, correm e não se cansam, caminham e não se fatigam."*
> —Isaías 40:31

11

O momento decisivo

BARTIMEU ERA UM cego que mendigava nas ruas de Jericó, a cidade onde morava. Certo dia, ele ouviu uma multidão caminhando e perguntou o que era aquilo. Disseram que o Mestre da Galileia, Jesus de Nazaré, estava passando. Imediatamente, o cego começou a gritar: "Jesus, Filho de Davi, tem compaixão de mim!" (LUCAS 18:38). Os que estavam por perto mandaram que se calasse, mas ele gritava cada vez mais. Jesus parou e pediu que o trouxessem a Ele. O Senhor perguntou o que desejava que Ele lhe fizesse. Bartimeu disse: "Senhor, que eu torne a ver" (v.41). Jesus o curou, e ele logo enxergou e, glorificando a Deus, seguiu a Jesus.

Aquele que fora cego percebeu que era Jesus quem estava passando e decidiu aproveitar aquele momento decisivo em sua vida. Jesus hoje continua passando pela vida das pessoas, mas poucos percebem que é Ele, o Salvador do mundo. Felizes são aqueles que aproveitam esse momento decisivo.

Em 1962, viajei, com Marlene e nossa filha, Angela, para ministrar na cidade maranhense de Carolina. A atividade principal era o ensino no Instituto Teológico

Batista daquela cidade. Nosso trabalho também envolvia a ajuda à pequena igreja em Filadélfia, na outra margem do rio Tocantins.

Em Carolina, conheci o Sr. Miguel Queiroz, pai de duas irmãs que atuavam na igreja local. Miguel era bastante conhecido na cidade e costumava assistir aos cultos de vez em quando. Quando chegamos a Carolina, ele já estava com mais de 70 anos. Os anos foram passando.

Certa manhã, fui ao centro da cidade e senti vontade de ir à sua casa para visitá-lo. Ele me convidou a entrar, e tivemos um bom tempo de conversa. Lá pelas tantas, sabendo que ele nunca tinha feito a decisão de aceitar Jesus como Salvador e Senhor de sua vida, perguntei: "Sr. Miguel, será que não está na hora de o Senhor entregar a vida a Jesus?". Ele disse que sim. Era chegado o seu momento decisivo. Ali mesmo, na sala, nós nos ajoelhamos, e ele clamou por misericórdia e fez a decisão por Cristo. Ele se levantou e nós nos abraçamos. Que alegria havia no seu olhar! Eu lhe perguntei quanto tempo fazia que ele ouvia a pregação do evangelho. Quarenta anos! Mas aquele foi o momento decisivo na sua vida.

Um dos filhos morava no sul do estado de Goiás, e, com ansiedade, Miguel esperou a sua chegada para lhe comunicar que já era um crente em Jesus.

Ele foi muito sábio ao aproveitar aquela oportunidade para se decidir por Cristo porque lhe restava apenas pouco tempo de vida. Meses depois ele faleceu. Com certeza os anjos cantaram de alegria quando Miguel chegou ao Céu!

Se você, que está lendo este livro, ainda não assumiu um sério compromisso com o Senhor Jesus, pense no assunto. Faça como o cego Bartimeu e como o meu amigo Miguel: aproveite a oportunidade que Ele está oferecendo. Nunca é tarde demais para um encontro pessoal com Cristo! O momento decisivo é agora!

*"Tudo tem o seu tempo determinado,
e há tempo para todo propósito debaixo do céu:
há tempo de nascer e tempo de morrer..."*
—ECLESIASTES 3:1,2

12

Metamorfose espiritual

DEPOIS DE CONSIDERAR, em profundidade, o tema "Justificação pela fé", na sua carta aos cristãos em Roma, o apóstolo Paulo faz um veemente apelo nos seguintes termos: "Rogo-vos, pois, irmãos, pelas misericórdias de Deus, que apresenteis o vosso corpo por sacrifício vivo, santo e agradável a Deus, que é o vosso culto racional" (ROMANOS 12:1).

Depois de apelar na entrega do corpo a Deus como um sacrifício vivo, ele pede algo mais: "E não vos conformeis com este século, mas transformai-vos pela renovação da vossa mente, para que experimenteis qual seja a boa, agradável e perfeita vontade de Deus" (ROMANOS 12:2). Corpo dedicado ao Senhor e mente renovada por Ele através de um processo chamado metamorfose! É exatamente essa a palavra que aparece no texto original.

Vi o fenômeno da metamorfose acontecer numa lagarta quando vivíamos em Carolina, Maranhão. No alpendre de nossa casa, havia uma planta onde apareceu uma lagarta. Com o passar dos dias, fui observando o desenvolvimento daquela lagarta, quando, de repente, a parte da frente se prendeu num galho e a parte de trás enrijeceu. Surgiu ali uma crisálida. Depois de alguns dias, a superfície daquele casulo se rompeu, e dali saiu uma linda borboleta. Essa é a metamorfose que Deus opera em nós quando nos submetemos à Sua vontade, que é boa, agradável e perfeita.

Isso aconteceu com uma senhora que chegou à sede da JMN/CBB no Rio de Janeiro, na época em que eu era o seu diretor executivo. Ela me contou sua história.

Era costureira, separada do marido e com três filhos para criar. Ao participar de um culto missionário em sua igreja, sentiu que o Senhor a chamava para alguma atividade muito especial. Ela tomou a decisão de se colocar à disposição de Deus e veio me perguntar o que poderia fazer no contexto da nossa Junta.

As atividades da JMN/CBB eram desenvolvidas no interior do Brasil, principalmente na Região Amazônica e nos vales dos rios São Francisco e Tocantins. O que uma mulher como ela poderia fazer com suas limitações, ainda mais sem possuir preparo algum na parte de formação teológica?

Fiz uma oração com ela, pedindo que o próprio Senhor, que tocara no seu coração, lhe abrisse alguma porta. Alegre e em paz, ela saiu do meu escritório.

Dias mais tarde, ela voltou, radiante, para me contar que Deus já lhe havia mostrado um campo de trabalho. Ela teve a ideia de procurar o diretor do Hospital Moncorvo Filho, no Rio de Janeiro, a fim de obter a permissão para visitar os doentes e lhes ministrar algum conforto. Dada a permissão, ela começou a fazer as visitas.

A segunda estrofe do hino "Tudo entregarei" (CC 295) diz o seguinte:

> *Tudo, ó Cristo, a Ti entrego,*
> *Corpo e alma, eis aqui!*
> *Este mundo mau renego*
> *Ó Jesus, me aceita a mim!*

Quando nos colocamos à disposição de Deus, o Espírito Santo tem plena liberdade de atuar em nosso espírito para efetuar uma verdadeira metamorfose. Ele age em nossa imaginação, indicando caminhos que jamais havíamos sonhado seguir. Passo a passo, Ele vai abrindo nossos olhos para que a boa, agradável e perfeita vontade de Deus se cumpra em nossa vida. É o bom perfume de Cristo alcançando novas dimensões, muito além da nossa imaginação.

> *"...mas, como está escrito: Nem olhos viram, nem ouvidos ouviram, nem jamais penetrou em coração humano o que Deus tem preparado para aqueles que o amam. Mas Deus no-lo revelou pelo Espírito; porque o Espírito a todas as coisas perscruta, até mesmo as profundezas de Deus."*
> —1 CORÍNTIOS 2:9,10

13

Instrumentos nas mãos de Deus

FICO IMPRESSIONADO QUANDO vejo os instrumentos humanos que Deus usa na obra da edificação do Seu reino. Jesus reuniu um grupo de homens simples, de origem humilde, e lhes deu a incumbência de revolucionarem o mundo com a mensagem do evangelho. Veja os pescadores, Pedro, André, Tiago e João! O cobrador de impostos Mateus! Um revolucionário, na pessoa de Judas, o zelote! Um homem obscuro chamado Judas Iscariotes, o traidor!

O apóstolo Paulo deu uma boa explicação para isso em uma das cartas que enviou aos cristãos em Corinto. Assim ele se expressou: "Irmãos, reparai, pois, na vossa vocação; visto que não foram chamados muitos sábios segundo a carne, nem muitos poderosos, nem muitos de nobre nascimento; pelo contrário, Deus escolheu as coisas loucas do mundo para envergonhar os sábios e escolheu as coisas fracas do mundo para envergonhar as fortes" (1 CORÍNTIOS 1:26,27). Isso significa que Deus tinha outras opções, mas decidiu escolher instrumentos desqualificados aos olhos humanos para a realização dos Seus propósitos. O próprio apóstolo explica o motivo: "...a fim de que ninguém se vanglorie na presença de Deus" (1 CORÍNTIOS 1:29).

No contexto dos trabalhos no reino de Deus, toda a glória deve ser atribuída exclusivamente a Ele. Fiquei comovido quando Alexandrino me contou a história de sua vida. Ele disse que, na juventude, era muito violento. Gostava de mostrar sempre o revólver que carregava na cintura. Ele morava numa cidade no interior do estado do Rio de Janeiro.

Naquele lugar, havia um barbeiro que não gostava de pessoas afrodescendentes, para não dizer, de pessoas negras. Alexandrino tinha pele muito escura.

Ele decidiu que aquele barbeiro teria de cortar seu cabelo! Um dia, quando o homem estava para fechar o salão, Alexandrino chegou, colocou o pé na porta e, com o revólver na mão, pediu que o homem cortasse o seu cabelo. O argumento era convincente! O barbeiro não teve escolha. Terminado o corte, o barbeiro fez menção de apanhar a navalha, mas Alexandrino disse que não era necessário aparar o cabelo. Já estava muito bom o que havia sido feito!

Com os amigos, Alexandrino se gabava de ter seu cabelo cortado naquela barbearia. Mas Deus quebrantaria o coração daquele homem tão violento.

Andando pela rua, ele viu um livro jogado no lixo. Apanhou-o e começou a folheá-lo. Era uma Bíblia. Seus olhos se depararam com a passagem que fala da segunda vinda de Cristo. Isso aguçou sua curiosidade. Continuou lendo e em pouco tempo teve um encontro com Cristo. Apresentou-se numa igreja e pediu que fosse batizado. Foi uma surpresa para todos!

Com o coração transformado por Jesus, ele decidiu voltar à barbearia agora levando consigo uma Bíblia para dar ao barbeiro. Ele explicou a mudança que Jesus havia feito em sua vida.

Tempos mais tarde, ele viu o barbeiro, sua esposa e filho caminhando em direção a uma igreja. Ele também havia feito sua decisão por Jesus.

Em nossa Igreja de Quintino Bocaiuva, no Rio de Janeiro, Alexandrino era professor numa classe da Escola Bíblica Dominical. Eu gostava de ouvi-lo, pois falava com simplicidade, mas com muita unção.

Quando Marlene e eu estávamos considerando o chamado missionário para servir o Senhor no exterior, Alexandrino parou de dar a lição e, olhando fixamente em mim, disse: "Pastor Mitt, faça aquilo que Deus está colocando no seu coração!", e continuou com a lição. Aquilo foi demais, porque ele nada sabia do que estava no meu coração. Era Deus falando a mim através de um homem simples, mas totalmente ligado a Ele.

Leitor amigo, Deus também pode usar você como um instrumento dele para falar ao coração de alguém. Esteja atento às orientações que o Senhor lhe der. Há muita gente por aí precisando ouvir o que Deus tem a dizer. Permita que o bom perfume de Cristo se expresse através de suas palavras, ditas com a unção do Espírito Santo.

"Então, Ananias foi e, entrando na casa, impôs sobre ele as mãos, dizendo: Saulo, irmão,

o Senhor me enviou, a saber, o próprio Jesus que te apareceu no caminho por onde vinhas, para que recuperes a vista e fiques cheio do Espírito Santo."
—ATOS 9:17

14

O cedro do Líbano

A BÍBLIA DESCREVE uma pessoa temente a Deus usando a palavra "justo", que aparece especialmente nos Salmos e em Provérbios. No Salmo 92, temos o justo sendo comparado a duas árvores: à palmeira e ao cedro do Líbano.

Assim o salmista se expressa: "O justo florescerá como a palmeira, crescerá como o cedro no Líbano" (SALMO 92:12).

No caso da palmeira, penso que ele estava se referindo à tamareira, na produção de tâmaras. Residindo em Loulé, Portugal, e passando pela praça onde ficava a Igreja Matriz, víamos algumas tamareiras. Eu me admirava da sua longevidade e da sua produtividade.

Quanto ao cedro do Líbano, tive a alegria de ver um deles no parque do Palácio de Cristal, na cidade do Porto, também em Portugal. O seu tamanho era impressionante, com o tronco reto e lá no alto a copa com os galhos. Em sua base, no chão, havia uma placa dizendo: "Cedro do Líbano". Que beleza! Firmeza e longevidade!

As minhas recordações me levam à Dona Elvira Dias Gomes, que conheci na Primeira Igreja Batista de Copacabana, no tempo quando lá servi como pastor. Ela fazia parte do corpo diaconal.

O que me impressionou nela foi a sua longevidade e sua vitalidade. Estava bem avançada na chamada Terceira Idade, mas continuava firme nas atividades da igreja. Entre suas várias tarefas, estava a responsabilidade de preparar os candidatos ao batismo, o que fazia com muito empenho.

Um acontecimento que ficou gravado na memória foi quando ela me convidou para fazermos uma visita a uma senhora idosa. Pouco antes de chegarmos à sua casa, Dona Elvira me perguntou onde ficava, na Bíblia, o texto que fala da palmeira e do cedro do Líbano. Eu lhe disse que era o Salmo 92.

Chegando à casa, ela trouxe uma abençoada palavra dando ênfase a essas duas árvores. Enquanto ela falava, eu via na própria irmã Elvira o exemplo de um cedro do Líbano, em sua firmeza, e de uma tamareira, em sua produtividade.

Era o bom perfume de Cristo tomando conta da sala da nossa querida irmã Joana Schmidt. Deus permitiu que Dona Elvira chegasse a uma abençoada velhice sempre frutificando.

O salmista arremata sua comparação do justo com a palmeira e o cedro do Líbano, fazendo a seguinte afirmação:

> *"Na velhice darão ainda frutos, serão cheios de seiva e de verdor, para anunciar que o* Senhor *é reto. Ele é a minha rocha, e nele não há injustiça."* —SALMO 92:14,15

15

A força do contentamento

CONTENTAMENTO É UMA palavra que vem do verbo latino *continere* e envolve duas vertentes. Uma delas é "alegria", e a outra é "satisfação".

O apóstolo Paulo, na carta aos cristãos de Filipos, para agradecer um donativo que lhe haviam mandado, escreveu: "...aprendi a viver contente em toda e qualquer situação. Tanto sei estar humilhado como também ser honrado; de tudo e em todas as circunstâncias, já tenho experiência, tanto de fartura como de fome" (FILIPENSES 4:11,12). Ele estava alegre pela fartura que aqueles irmãos lhe haviam proporcionado através daquele presente e, ao mesmo tempo, estava dizendo que já aprendera a viver contente em qualquer circunstância. A palavra grega que ele usa é *autarkes*, que significa "ter suficiência em tudo". É a mesma palavra que ele usa para expressar o que Jesus lhe havia dito quando pediu que Deus lhe tirasse o espinho na carne: "A minha graça te basta, porque o poder se aperfeiçoa na fraqueza" (2 CORÍNTIOS 12:9). O apóstolo Paulo manifestava o perfume de Cristo através do contentamento que vivenciava a cada momento.

Encontrei o idoso Miguel na casa do meu amigo Rildo, que era comissário de bordo da extinta Varig, na década de 1980. Ele havia feito uma viagem a Buenos Aires e me convidou para saborear uma picanha que havia trazido. Enquanto ele preparava o churrasco, fui conversar com Miguel, avô do Rildo.

Falamos sobre muitas coisas. Vi no seu quarto um bandolim que costumava tocar. O bandolim foi o instrumento "obrigatório" na casa dos meus pais. Na sua terra de origem, Estônia, havia orquestras formadas por bandolins. Apanhei o instrumento, fiz algumas afinações nas cordas e toquei alguma coisa. Miguel ficou admirado ao me ver tocar.

Continuamos nossa conversa, e, lá pelas tantas, muito admirado porque ele nada mencionava sobre seus problemas e dores, fiz a pergunta: "Irmão Miguel, estamos conversando há tanto tempo, e o senhor nada falou de suas dores!". Ele respondeu: "Por que falar das dores se existe tanta coisa boa na vida para nos alegrarmos?". Ali estava um idoso alegre e, ao mesmo tempo, contente. Ele aprendera a conviver com suas limitações. Era a sua forma de manifestar o bom perfume de Cristo.

Tempos atrás, li um artiguete na revista Seleções escrito por um médico geriatra cujo título era: "Coisas que ouvi no meu consultório". Chegou o primeiro idoso e lhe disse: "Doutor, não enxergo mais como no passado, mas o que vejo é suficiente para mim". Outro disse: "Doutor, não ouço direito, pois tenho um problema auditivo, mas o que escuto ainda me permite entender o que as pessoas me falam". O terceiro falou:

"Doutor, não caminho mais como no passado. Ando agora muito devagar, mas chego lá!". Eles eram idosos que aprenderam a vivenciar o contentamento em qualquer situação.

Tudo depende da nossa atitude diante das limitações que a idade nos impõe. Se aprendermos a aceitar as coisas com uma atitude proativa tudo fica mais fácil. Não adianta viver sentindo saudade do vigor físico do passado. Uma atitude positiva consiste em aceitarmos as limitações como um desafio para, com a graça de Deus, exalarmos o bom perfume de Cristo através dessas mesmas limitações.

Sigamos o exemplo do idoso Miguel, com ou sem um bandolim! Quem sabe você consiga tirar algumas notas em outro instrumento. Não deixe sua habilidade musical morrer. Continue a mantê-la viva para alegria de todos ao seu redor. Que o idoso e alegre Miguel seja um fator de inspiração para todos nós!

> *"Bendito o homem que confia no SENHOR*
> *e cuja esperança é o SENHOR. Porque*
> *ele é como a árvore plantada junto às águas,*
> *que estende as suas raízes para o ribeiro*
> *e não receia quando vem o calor, mas a sua folha*
> *fica verde; e, no ano de sequidão,*
> *não se perturba, nem deixa de dar fruto."*
> —JEREMIAS 17:7,8

16

Um homem sem amor ao dinheiro

A BÍBLIA É muito enfática quando trata do assunto "dinheiro". Ela diz que "...o amor do dinheiro é raiz de todos os males" (1 TIMÓTEO 6:10) E diz mais: "Ora, os que querem ficar ricos caem em tentação, e cilada, e em muitas concupiscências insensatas e perniciosas, as quais afogam os homens na ruína e perdição" (1 TIMÓTEO 6:9). O apóstolo Paulo, nas instruções que deu ao seu filho na fé, Timóteo, fez a seguinte consideração: "Porque nada temos trazido para o mundo, nem coisa alguma podemos levar dele. Tendo sustento e com que nos vestir, estejamos contentes" (1 TIMÓTEO 6:7,8).

O autor da epístola aos Hebreus tem outra advertência sobre a questão do dinheiro. Ele diz: "Seja a vossa vida sem avareza. Contentai-vos com as coisas que tendes; porque ele tem dito: De maneira alguma te deixarei, nunca jamais te abandonarei" (HEBREUS 13:5).

É linda a forma como o autor de Provérbios registra a oração de um personagem chamado Agur: "Duas coisas te peço; não mas negues, antes que eu morra: afasta de mim a falsidade e a mentira; não me dês nem a pobreza nem a riqueza; dá-me o pão que me for necessário; para não suceder que, estando eu farto, te negue e diga: Quem é o SENHOR? Ou que, empobrecido, venha a furtar e profane o nome de Deus" (PROVÉRBIOS 30:7-9).

Na década de 1950, o mundo evangélico ficou impressionado com o surgimento repentino do jovem Billy Graham, nos Estados Unidos. Ao longo dos anos, sua fama foi crescendo com a realização de cruzadas evangelísticas em muitas partes do mundo. Era o bom perfume de Cristo alcançando o mundo através do seu ministério.

Acompanhei a trajetória dele através do jornal *Decision*, que sua equipe publicava periodicamente. Eu ouvia suas mensagens e me admirava da simplicidade como falava. Palavras simples, mas bem fundamentadas na Bíblia. O tema central das suas pregações era o puro evangelho, conforme o apóstolo Paulo declara em sua primeira carta aos cristãos de Corinto: "Cristo morreu pelos nossos pecados, segundo as Escrituras, e que foi sepultado e ressuscitou ao terceiro dia, segundo as Escrituras" (1 CORÍNTIOS 15:3,4).

Eu tive a alegria de ver Billy Graham pregando num espaço aberto, em Estocolmo, Suécia, na década de 1970. Enquanto ouvia aquela palavra tão simples, eu perguntava se haveria algum eco na mente e no coração do sofisticado povo sueco. Minha admiração foi total quando vi muitas pessoas atendendo ao apelo para entregar sua vida a Cristo.

Quando Billy Graham surgiu, os analistas previam que o seu ministério evangelístico se estenderia por dez anos, e quando muito, por mais cinco ou dez anos. Ele faleceu com quase 100 anos, mas, até o final da sua vida, foi um servo fiel do Senhor.

Nesta altura você deve estar se perguntando: O que o amor ao dinheiro tem a ver com o evangelista Billy Graham? Vou explicar.

Encontrei duas explicações para o sucesso de Billy Graham ao longo de tantas décadas. A primeira delas foi o seu total desapego ao dinheiro. Em suas pregações nunca ouvi que ele pedisse ofertas. Quem administrava as contribuições que chegavam para apoiar seu ministério era a sua Equipe Evangelística. Ele se contentava com o salário que recebia. Bem diferente de muitos pregadores dos nossos dias cuja mensagem central, infelizmente, é o dinheiro.

A outra explicação para o seu longo ministério foi a sua capacidade de despertar pessoas à oração. Quando pregou no Maracanã, em 1974, ele disse que cristãos do mundo inteiro estavam orando por aquela cruzada evangelística.

Concluo dizendo que, se Deus prometeu suprir nossas necessidades, devemos nos contentar com aquilo que Ele colocar em nossas mãos. Que haja em nós um profundo espírito de gratidão pela providência com que Ele cerca nossa vida. Assim fazendo, estaremos manifestando o bom perfume de Cristo.

"E o meu Deus, segundo a sua riqueza em glória, há de suprir, em Cristo Jesus, cada uma de vossas necessidades. Ora, a nosso Deus e Pai seja a glória pelos séculos dos séculos. Amém!" —FILIPENSES 4:19,20

17

A minha graça te basta

OS ESCRITORES NÃO se cansam de analisar as várias facetas da personalidade do grande apóstolo Paulo. Podemos dizer que ele foi único em muitos aspectos. Eu me encantei com ele ao ler um livro que apanhei na biblioteca do seminário onde estudei.

Em tudo o que Paulo foi e fez, um pormenor tem sido uma bênção em minha vida. Refiro-me ao segredo que ele guardou por muito tempo, mas que acabou revelando aos cristãos de Corinto ao lhes escrever sobre as gloriosas visões que havia tido da parte do Senhor. Acho que o apóstolo, no fundo, era muito vaidoso, porque ele se gloriava de muita coisa que havia vivenciado antes do seu encontro com Cristo. Mas, para que ele não se envaidecesse, Deus lhe permitiu um "espinho na carne". São dele estas palavras: "E, para que não me ensoberbecesse com a grandeza das revelações, foi-me posto um espinho na carne, mensageiro de Satanás, para me esbofetear, a fim de que não me exalte" (2 CORÍNTIOS 12:7).

Não sabemos o que foi esse "espinho na carne", mas com certeza, era algo que muito o afligia. Várias hipóteses têm sido levantadas, mas nenhuma delas é conclusiva. Tão grande era o seu mal-estar que ele chegou a orar três vezes pedindo que Deus o livrasse daquele sofrimento, mas, em meio à sua angustia, o Senhor fez a seguinte revelação: "A minha graça te basta, porque o poder se aperfeiçoa na fraqueza" (2 CORÍNTIOS 12:9). O bom perfume de Cristo se manifestava melhor através de sua fraqueza.

Sinto um tremendo conforto nesta palavra que o Senhor deu ao grande apóstolo, que chegou a dizer: "De boa vontade, pois, mais me gloriarei nas fraquezas, para que sobre mim repouse o poder de Cristo" (2 CORÍNTIOS 12:9).

Confesso que, na minha adolescência e na juventude, a timidez era o meu "espinho na carne". Lutei com todas as minhas forças, lendo livros de autoajuda, até que, aos 21 anos, assumi um sério compromisso com Cristo. Ele entrou na minha vida, mas a timidez continuou comigo. Essa infeliz companheira se manifestava em muitas ocasiões e das mais diversas formas. Lutei em oração para que Deus me desse a alegria de me colocar diante do público, totalmente livre de qualquer tensão emocional. Eu desejava ter o "dom da palavra", mas Deus não me concedeu essa bênção. Ele me deu, sim, a Palavra para que, no tempo certo, e sob a Sua inspiração, eu falasse ao povo.

Certa vez, Ele me revelou que o meu ponto fraco, a timidez, era justamente o meu ponto forte, porque, assim como disse ao apóstolo Paulo, Ele me mostrou que minha timidez me obrigava a estudar mais a Sua Palavra, a preparar melhor as mensagens, a orar mais e a depender totalmente do Senhor em tudo que eu fazia.

Com a força do Senhor, falei em grandes igrejas, em congressos, retiros, convenções etc. Tudo foi feito com a consciência de que "a alegria era minha, mas a glória pertencia unicamente ao Senhor".

Por que estou falando essas coisas? É para que você, leitor, ao considerar seu ponto fraco como uma desvantagem, perceba que, nas mãos do Senhor, ele pode vir a ser o seu ponto forte. Deus nos surpreende naquilo que faz. Olhe para Ele e confie nele de todo o seu coração.

"Pelo que sinto prazer nas fraquezas,
nas injúrias, nas necessidades, nas perseguições,
nas angústias, por amor de Cristo.
Porque, quando sou fraco, então, é que sou forte."
—2 CORÍNTIOS 12:10

18

Um exemplo de vida

TIAGO, EM SUA epístola, apresenta uma séria advertência. São dele estas palavras: "Atendei, agora, vós que dizeis: Hoje ou amanhã, iremos para a cidade tal, e lá passaremos um ano, e negociaremos, e teremos lucros. Vós não sabeis o que sucederá amanhã. Que é a vossa vida? Sois, apenas, como neblina que aparece por instante e logo se dissipa" (TIAGO 4:13,14). Tiago, com essas palavras, mostra a incerteza dos projetos humanos.

O Pr. L. Roberto Silvado, da Igreja Batista do Bacacheri, em Curitiba, ao falar nos velórios, costuma dizer que a única coisa que se sabe da criança que acaba de nascer na maternidade é a certeza de que algum dia morrerá. É a sequência natural da vida: nascimento e morte. Ninguém sabe quando isso pode vir a acontecer.

O autor da epístola aos Hebreus tem esta declaração: "...E, assim como aos homens está ordenado morrerem uma só vez, vindo, depois disto, o juízo..." (HEBREUS 9:27).

A incerteza quanto ao dia de amanhã foi vivenciada pelo mundo naquilo que aconteceu com Ayrton Senna.

O fatídico dia 1.º de maio de 1994 amanheceu quando, Marlene e eu, estávamos em Valladolid, Espanha, preparando-nos para o nosso retorno à nossa casa em Portugal. Ali estivemos em visita ao querido casal de missionários, Pr. Joézer e sua esposa, Diná Aguiar. Tudo pronto, para embarcamos rumo a Portugal. Passamos por Tordesilhas e Salamanca, atravessamos a fronteira e, perto do meio-dia, chegamos a Bragança e paramos para almoçar.

No restaurante, a televisão estava transmitindo a corrida de Fórmula 1, na pista de Imola, na Itália. Iniciada a corrida, lá pelas tantas, houve uma parada, e os carros voltaram aos boxes. Quando a corrida reiniciou, Marlene ergueu o braço e disse: "Que Deus te abençoe, Ayrton!". Numa certa altura, na curva do Tamborello, o carro dele, em alta velocidade, bateu no paredão daquela curva. A equipe médica veio para socorrer, e ele foi levado num helicóptero para o hospital, onde veio a falecer. A consternação foi geral. O mundo todo chorou e lamentou a morte do grande Ayrton Senna.

Tempos depois, quando fui acertar meus documentos no Consulado do Brasil no Algarve, fui informado de que haveria a inauguração da Av. Ayrton Senna, no Condomínio Quinta do Lago, em Portugal, onde ele tinha sua bela mansão. Marlene e eu fomos lá participar.

Na cerimônia, estava o embaixador do Brasil, José Aparecido, e também Dona Juracy, governanta de Ayrton Senna. Ambos foram convidados a descerrar uma placa comemorativa. Em seguida, fomos participar da recepção que ofereceram no salão de festas. Marlene conseguiu trocar algumas palavras com Dona Juracy e deixou com ela um folheto com o número do nosso telefone.

Dias depois, Dona Juracy nos convidou para que a visitássemos naquela mansão. Ela morava na casa dos fundos, perto da piscina. Contou-nos como era a vida de Ayrton Senna. Ele costumava ler sua Bíblia até tarde da noite. Pudemos ver aquela Bíblia. Quantos textos sublinhados! Depois fomos visitar a mansão. Vimos a sala dos troféus, a sala de música, e assim, continuando a caminhada, chegamos ao segundo andar. Enquanto subíamos pela escada de mármore, lembrei-me dos tempos da minha juventude quando meu sonho era ser rico, mas em Cristo encontrei um tesouro muito maior. Aleluia!

No ano seguinte, Dona Juracy manifestou o desejo de realizar um culto memorial no dia 1º de maio. Ela recebeu a autorização de Vivianne Senna, e lá estive outra vez com Marlene e um grupo de irmãos e amigos. Dona Juracy preparou a sala de música com muitas cadeiras. O momento devocional foi cheio de emoção. Apanhei a Bíblia de Ayrton Senna e li alguns textos sublinhados. Cantamos e oramos agradecendo o exemplo de vida que ele deixou para o mundo. No meu coração, guardei a certeza de que, em algum tempo de sua vida, ele teve um encontro com Cristo.

Coloco aqui versículos que encontrei sublinhados na Bíblia dele:

"Quem nos separará do amor de Cristo?
Será tribulação, ou angústia, ou perseguição,
ou fome, ou nudez, ou perigo, ou espada?
[...] Em todas estas coisas, porém, somos mais
que vencedores, por meio daquele que
nos amou. Porque eu estou bem certo de que
nem a morte, nem a vida, nem os anjos,
nem os principados, nem as coisas do presente,
nem do porvir, nem os poderes,
nem a altura, nem a profundidade, nem qualquer
outra criatura poderá separar-nos do amor
de Deus, que está em Cristo Jesus, nosso Senhor."
—ROMANOS 8:35,37-39

19

Quando Deus fala

O PROFETA ELIAS, depois da estupenda vitória contra os profetas de Baal, ao ser ameaçado de morte pela perversa rainha Jezabel, fugiu ao monte Horebe e se escondeu numa caverna. Lá, ele passou por algumas experiências dramáticas. Primeiro houve um vento devastador, depois um terremoto que abalou tudo, em seguida um fogo que queimou tudo, e, por último, Elias ouviu uma voz mansa e delicada que lhe disse: "Que fazes aqui, Elias?" (1 REIS 19:8-13).

Muitas vezes, para que o ser humano escute a voz de Deus, Ele deve usar um terremoto, alguma experiência traumatizante. Com algumas pessoas, Ele pode usar uma perda irreparável como o que acontece num incêndio. Com outros, o vento da perda de um emprego bastante promissor. Mas, em geral, Ele usa processos bem mais simples ao falar às pessoas. Pode ser através de uma pregação, de um cântico, de uma leitura, da palavra de alguém, ou através da simples intuição. O certo é que o ser humano tem a capacidade de ouvir a voz de Deus. Quando o ouvido humano está sintonizado com o diapasão divino, ele entende o que Deus quer lhe revelar.

Foi o que aconteceu com um jovem empresário em Moçambique. Nascido em Portugal, Salomão emigrou para aquele país, que era uma das colônias portuguesas na África. Crente em Jesus, era fiel ao Senhor, mas queria ser rico. Um dia Deus lhe falou ao coração e o chamou para que dedicasse sua vida ao ministério, mas ele resistiu àquele chamado. Ele continuou seu trabalho, mas veio o tempo quando estourou a Guerra Civil em Moçambique, e ele teve de fugir de volta a Portugal. Colocou o que pôde num contêiner e embarcou para enfrentar a dura realidade de um "retornado" em sua terra natal.

Salomão, com a esposa e seus filhos, conseguiu se fixar na cidade de Braga e ali começou a trabalhar com artefatos de plástico na fábrica que montou.

Eu tive o primeiro contato com ele quando fui ajudar a Igreja Batista de Braga num tempo quando estava sem pastor. Visitei a fábrica dele e vi como as coisas funcionavam.

Num domingo de manhã, após um abençoado culto, o irmão Salomão se aproximou de mim, chorando e me falou de seu chamado em Moçambique. Ele se referia à bênção que havia perdido ao resistir à voz de Deus. Eu o acalmei e fiz com ele um pacto. Pedi que ele orasse por mim para que o Senhor me abençoasse todas as vezes que eu falasse em Missões e fizesse um apelo à entrega de vidas para a obra missionária. Ele prometeu que assim o faria.

No ano passado, foi realizado um culto na capela da Faculdade Batista do Paraná, em Curitiba, pelos 110 anos da JMN e JMM (Junta de Missões Mundiais) da Convenção Batista Brasileira. Dias antes, o dirigente do programa me disse que, como ex-diretor executivo da JMN/CBB, poderia dar uma palavra. Quando o culto estava para começar, disse-me que eu teria apenas cinco minutos para a minha fala. O que dizer em cinco minutos? Orei e decidi contar em poucas palavras a história de Salomão. Foi impactante! Eu disse: *"Se Deus lhe falar, não importa o que você esteja fazendo e o cargo que ocupa. Ao ouvir Sua voz, obedeça! Não seja como Salomão, ao perder a bênção que Deus lhe tinha reservado."*

Tenho a certeza de que as orações dele por mim foram poderosamente respondidas por Deus naquela manhã. Aleluia!

O bom perfume de Cristo continuará através da descendência do irmão Salomão. O filho dele, Pedro Manuel, está levantando recursos, em Portugal, para ir a Moçambique, onde desenvolverá ações missionárias. Glórias ao Senhor!

Deus promete grandes coisas conceder
A qualquer que peça, crendo que há de obter
A resposta, sem na fé enfraquecer.
Sua fé Jesus contemplará.

(CC 160)

20

Um homem aprovado em Cristo

ANOS ATRÁS, FUI convidado a falar para um grupo de homens e decidi preparar minha palestra focando o personagem Apeles, que aparece entre os nomes mencionados pelo apóstolo Paulo no último capítulo da epístola aos Romanos.

Eu me lembrei, naquela altura, de um sermão que o saudoso pastor João Filson Soren pregou no aniversário da Primeira Igreja Batista de Copacabana onde eu era pastor. Com brilhantismo, ele desenvolveu sua mensagem nesta curta expressão: "Saudai Apeles, aprovado em Cristo" (ROMANOS 16:10). Quanta riqueza, sabedoria e unção partiram dos seus lábios!

Não conheci Apeles, mas ele foi uma pessoa que falou intensamente ao meu coração. Antes de preparar minha palestra "ruminei" por muitos dias sobre o tema. Senti, profundamente no coração, o desejo de ser como ele, "um homem aprovado em Cristo".

Mesmo nos dias de hoje, continuamos a sentir o bom perfume de Cristo em pessoas que nunca tivemos a oportunidade de contatar. Personagens do passado e do presente.

William E. Crowder é um deles. Ele faz parte da equipe que prepara as meditações do devocional publicado por Ministérios Pão Diário.

Desejo aqui expressar minha alegria e gratidão pelo excelente trabalho desenvolvido por todos aqueles escritores e escritoras. Lembro, com saudade, das inspiradas meditações preparadas por Joanie Yoder e Julie A. Link, que já estão com o Senhor. Escolhi William E. Crowder para, através dele, homenagear a todos pela inspiração que recebemos a cada dia. Aprecio imensamente a fidelidade de todos à Palavra de Deus e a ênfase evangelística dada em cada meditação.

Por que escolhi William E. Crowder? Por dois motivos. No meu tempo de estudos, no antigo ginásio, minha matéria preferida era Geografia. Por outro lado, admiro a natureza criada por Deus. Gosto de caminhar pelos parques e apreciar tudo o que Deus fez para o nosso bem-estar.

Veja, por exemplo, o que apareceu, no devocional *Pão Diário* do primeiro trimestre de 2019, escrito por ele. Através de uma das meditações, fui levado ao resgate dos mineiros, presos numa mina no Chile. Em outra meditação, ele me levou à China, aos agricultores que, em 1974, cavaram um poço e descobriram uma preciosidade arqueológica: o Exército de Terracota.

Em outra meditação, ele me levou à Galeria Nacional em Londres, onde aparecem quadros com pinturas de Winston Churchill, William Shakespeare e George Washington, além de outros. Numa outra meditação, ele se referiu ao céu azul, que tanto aprecio. Todas as meditações tiveram um fundamento bíblico muito apropriado. Quanta inspiração! Quanto enriquecimento espiritual!

Convido a você, leitor, a pedir ao Senhor que lhe abra os olhos espirituais para perceber Jesus falando ao seu coração. Pode ser que Ele tenha alguma mensagem para você através de pessoas totalmente desconhecidas. Com toda a certeza, você encontrará, muitos "Apeles" em sua trajetória espiritual.

"Saudai Apeles, aprovado em Cristo"
—ROMANOS 16:10

21

O efeito catalisador

NO GRANDE SERMÃO do Monte, Jesus disse que Seus discípulos seriam sal e luz perante o mundo. São dele estas palavras: "Vós sois o sal da terra [...]. Vós sois a luz do mundo..." (MATEUS 5:12,14).

O sal era usado, no tempo de Jesus, para preservar os alimentos. Ainda no tempo da minha infância, meus pais compravam sardinha enlatada, que vinha conservada em grande quantidade de sal. A segunda característica do sal é dar sabor aos alimentos. Você pode se imaginar comendo um churrasco sem sal? É simplesmente horrível! Em terceiro, o sal provoca sede. Ele nos obriga a beber muito líquido.

Assim deve ser a presença do cristão no mundo, preservando a saúde moral da sociedade, dando sentido à vida das pessoas e despertando o interesse em conhecer a Jesus. É pela presença, num efeito catalisador, que o cristão age no mundo. Mais pelo exemplo do que pelas palavras.

Conheci o irmão Achiles Biscaia quando, em 1996, voltamos de Portugal. A primeira coisa que me chamou a atenção nele foi o cuidado que dispensava ao seu inseparável Fusca, que estava com ele desde 1968 quando foi comprado zero quilômetro.

O irmão Biscaia e sua esposa, Ajurandir, mais conhecida como Jura, formavam um casal que impressionava pela fidelidade aos cultos da Igreja Batista do Bacacheri, em Curitiba, onde congregavam. Estavam lá, os dois sempre sentados no seu lugar preferido. Nunca vi o irmão Biscaia falar em público. Sua palavra era mansa e tranquila na comunicação com as pessoas. O trabalho dele consistia em recolher as ofertas e, no dia seguinte, em companhia de outro membro da igreja, fazer a contagem do dinheiro.

A irmã Jura, com sua habilidade na cozinha, brilhava pelo que levava aos encontros do Grupo Bege, formado por casais da Terceira Idade. Quantos encontros foram realizados na casa desse casal, sempre sob a liderança do saudoso Pr. Avelino Ferreira!

O casamento deles durou 69 anos. Após o falecimento da irmã Jura, o Sr. Biscaia foi morar com a filha, Clevna. Não podendo mais dirigir, o Fusca passou para o neto, Sandro, que por sua vez transformou o carro num verdadeiro "brinco".

O casal Biscaia foi um verdadeiro catalisador. A sua simples presença transmitia o bom perfume de Cristo às pessoas ao seu redor. Nas palavras de Jesus, eles foram um verdadeiro "sal da terra".

Pode ser que você, leitor, seja uma pessoa de poucas palavras, mas mesmo assim pode ser um catalisador. Firme sua fé em Cristo. Seja um exemplo de fidelidade, mesmo com as suas limitações físicas. Deixe que sua vida fale mais alto do que suas palavras. Seja também um verdadeiro "sal da terra". Assim você estará manifestando o bom perfume de Cristo.

"A vossa palavra seja sempre agradável, temperada com sal, para saberdes como deveis responder a cada um."
—COLOSSENSES 4:6

22

Conhecimento e sabedoria

ANOS ATRÁS, NUMA das minhas viagens, tive uma conversa com um comissário de bordo. Procurei explicar a diferença entre "conhecimento" e "sabedoria". Tirei do bolso uma nota de 50 reais e lhe disse o seguinte: "Nesta comparação, o conhecimento é aquilo que posso comprar com esta nota, mas a sabedoria é a maneira como vou gastar este dinheiro".

A verdade é que todas as pessoas têm conhecimento, umas mais e outras menos, mas sabedoria é aquele ingrediente que pouca gente possui. Daí a recomendação de Tiago em sua epístola: "...Se, porém, algum de vós necessita de sabedoria, peça-a a Deus, que a todos dá liberalmente..." (TIAGO 1:5).

O rei Salomão, um homem entendido no quesito sabedoria, fez a seguinte observação: "...e, se clamares por inteligência, e por entendimento alçares a voz, se buscares a sabedoria como a prata e como a tesouros escondidos a procurares, então, entenderás o temor do SENHOR e acharás o conhecimento de Deus. Porque o SENHOR dá a sabedoria, e da sua boca vem a inteligência e o entendimento" (PROVÉRBIOS 2:3-6).

Ele explica mais: "O princípio da sabedoria é: Adquire a sabedoria; sim, com tudo o que possuis, adquire o entendimento" (PROVÉRBIOS 4:7).

Tomemos agora o conhecimento mais a sabedoria, e juntemos aos dois o dom do ensino. Podemos imaginar o professor que vai resultar disso tudo.

Foi o que vi no pastor e mestre Hillmar Furstenau. Encontrei-me com ele quando assumi a reitoria do Seminário Teológico Batista do Paraná em 1980, e ele veio a ser professor na instituição. Como foi abençoada a sua ministração ao longo dos anos! A presença dele nos devocionais realizados na capela do Seminário era a garantia de um salão cheio de alunos.

Em uma ocasião, decidi dar uma tarefa aos professores, cada um falando sobre uma parte do fruto do Espírito, mencionado pelo apóstolo Paulo na sua epístola aos cristãos da Galácia: "Mas o fruto do Espírito é: amor, alegria, paz, longanimidade, benignidade, bondade, fidelidade, mansidão, domínio próprio" (GÁLATAS 5:22). Coube ao professor Hillmar falar sobre "benignidade".

Confesso que fiquei admirado com aquilo que ele colocou na palestra. Para ilustrar, usou a figura de um lutador de judô. Ele disse que o lutador usa a força do próprio adversário para derrotá-lo. Com um simples movimento do corpo, ele faz com que o outro vá direto ao chão. Benignidade é saber aceitar e enfrentar os golpes dados pela vida.

Anos mais tarde vim a conhecer a palavra "resiliência". É aquilo que acontece com uma esponja. Podemos apertar com toda a força, mas ela volta ao normal depois de sofrer a pressão. Assim deve ser a vida do cristão. Quando ele deixa que o Espírito Santo controle suas atitudes, a benignidade, ou melhor, a resiliência, será uma presença permanente ao longo de cada dia.

Foi o que aconteceu com o Pr. João Falcão Sobrinho, no Rio de Janeiro. Ele estava dirigindo seu carro e cometeu uma barbeiragem. O motorista do outro carro viu que ele disse alguma coisa, parou, e furioso, perguntou: "O que foi que o senhor disse?". Pr. Falcão respondeu: "Eu disse: 'Desculpa'". O homem ficou sem palavras. Deu as costas e voltou ao seu carro. Foi a benignidade em ação.

No poder do Espírito Santo, caro leitor, numa próxima oportunidade que você tiver, procure colocar em prática o potencial da "benignidade" que o Espírito Santo libera a todos quantos permitem ser conduzidos por Ele. Você vai ficar admirado ao ver como isso funciona.

"Ouvistes que foi dito: Olho por olho, dente por dente. Eu, porém, vos digo: não resistais ao perverso; mas, a qualquer que te ferir na face direita, volta-lhe também a outra..." (MATEUS 5:38,39).

Aí está Jesus dando uma lição de benignidade. É só colocar em prática, porque funciona.

"Se, porém, algum de vós necessita de sabedoria, peça-a a Deus, que a todos dá liberalmente e nada lhes impropera; e ser-lhe-á concedida." —TIAGO 1:5

23

O perfeito *timing* de Deus

A HISTÓRIA DE Moisés é fascinante. Ele nasceu no contexto de uma escravidão no Egito, e escapou de ser jogado no rio Nilo graças à sua mãe, Joquebede, e sua irmã, Miriã. Por temer o crescimento do povo de Israel, Faraó determinou que todos os meninos fossem lançados no rio.

Quando Moisés nasceu, a imaginação da sua mãe entrou em ação. Ela e Miriã prepararam um cesto feito de junco, colocaram o menino dentro e o deixaram no rio, perto do local onde a filha de Faraó costumava se banhar. A providência de Deus possibilitou que Moisés fosse adotado pela filha de Faraó e fosse entregue à própria mãe, Joquebede, para ser cuidado até a idade de 12 anos. A partir de então, Moisés passou a residir no palácio da princesa e recebeu toda a instrução e os ensinamentos da cultura egípcia.

O tempo foi passando, mas a consciência de pertencer ao povo de Israel continuou firme em sua mente e no seu coração. Quando ele estava com 40 anos, Moisés foi visitar seu povo e apartou dois hebreus que estavam brigando. No dia seguinte, ele encontrou um egípcio maltratando um hebreu e, enfurecido, matou o egípcio e o enterrou na areia. No outro dia descobriu que todos já sabiam o que ele havia feito. Temendo ser morto por Faraó, fugiu para o deserto de Midiã e se alojou na casa de Jetro. Ali, casou com uma de suas filhas e passou a cuidar das ovelhas do seu sogro. Isso durou 40 anos.

Quando ele já estava com 80 anos, eis que o Senhor lhe aparece numa sarça ardente e o convoca para ser o libertador do Seu povo. O cronômetro de Deus não falha. Quando Moisés tinha 40 anos, pensava que poderia libertar o povo de Israel da escravidão, mas eles não entenderam assim, conforme a palavra de Estevão diante do Sinédrio em Jerusalém, registrado por Lucas, em Atos dos Apóstolos (ATOS 7:25). Agora ele estava preparado para aquele grande empreendimento.

O que chama a atenção é o fato de o Senhor saber o *timing* certo para confiar uma tarefa a algum dos Seus servos. Foi o que aconteceu com o meu amigo de longa data, Manoel Crispim.

Eu estava na sede da Junta de Missões Nacionais/CBB, no Rio de Janeiro, quando ele entrou na minha sala com uma notícia surpreendente. Ele me disse: "Pastor Mitt, estou com 72 anos e acabo de sentir a chamada de Deus para servir no ministério". Foi uma surpresa idêntica àquela que tive com a costureira, conforme relatei anteriormente. Ouvi atentamente tudo o que ele tinha a dizer e conclui que aquele chamado era genuíno. Oramos e entregamos o assunto ao Senhor, na certeza de que alguma porta se abriria.

Dias mais tarde, a Igreja Batista da Liberdade, em São Paulo, onde ele era membro, pediu sua consagração como pastor auxiliar e lhe confiou a tarefa de liderar o Ministério de Casais, o que realizou com muita eficiência.

Dez anos mais tarde, quando eu era pastor na Primeira Igreja Batista de Copacabana, o Pr. Manoel Crispim veio de São Paulo para participar do encontro da Fundação Wlasek Filho. Foi uma alegria encontrá-lo firme no Senhor e ainda cumprindo a tarefa que lhe tinha sido entregue.

Amigo leitor, não leve em consideração o número de anos que você tem. Pergunte, apenas, ao Senhor o que Ele quer de você. A surpresa pode ser o encaminhamento para um curso numa faculdade para a Terceira Idade. Nunca é tarde demais para aprender algo novo. Não se entregue à ociosidade. Faça algo para o Senhor. Siga as instruções que Ele lhe der. Permita que o bom perfume de Cristo seja sentido pelas pessoas, mesmo em sua idade avançada. Minha palavra final aqui é: Mãos à obra!

Mãos ao trabalho, crentes,
Breve nos chega o fim;
Firmes, enquanto a morte
Não tocar clarim!
Vamos, irmãos, à obra,
Por Cristo trabalhar;
Eia que em vindo a noite,
Vamos descansar!

(CC 419)

24

Três pepitas de ouro

O LIVRO DE Salmos é considerado como o hinário do povo de Israel. Ele é um tesouro de valor eterno. Tem sido a fonte de inspiração para todos aqueles que amam o Senhor. É um livro que, devido à sua variedade de salmos, tem falado ao meu coração em cada etapa da minha vida. Nos momentos de alegria, de tristeza e de perplexidade.

Li o Salmo 25 repetidas vezes quando estávamos para tomar uma importante decisão. Lá encontrei esta palavra: "Ao homem que teme ao SENHOR, ele o instruirá no caminho que deve escolher" (SALMO 25:12). Orientados por Deus nessa decisão e ao lhe obedecer, fomos ricamente abençoados.

Quem não encontrou conforto no Salmo 30:5, ao ler estas palavras: "...ao anoitecer, pode vir o choro, mas a alegria vem pela manhã."? Quantas vezes fomos ao Salmo 51, em confissão por algum pecado, e depois lemos o Salmo 32, com o coração totalmente aliviado: "Bem-aventurado aquele cuja iniquidade é perdoada, cujo pecado é coberto" (v.1)!

Um salmo que tem encontrado eco no meu coração é o de número 103. Ele me convida a dar graças e louvores ao Senhor: "Bendize, ó minha alma, ao Senhor, e tudo o que há em mim bendiga ao seu santo nome. Bendize, ó minha alma, ao Senhor, e não te esqueças de nem um só de seus benefícios" (vv.1,2).

Há um salmo, de número 37, que traz uma promessa e, em seguida, vem um convite: "Agrada-te do Senhor, e ele satisfará os desejos do teu coração. Entrega o teu caminho ao Senhor, confia nele, e o mais ele fará" (vv.4,5).

Compartilho agora a história de um índio Munduruku. Graças à bondade do piloto Verner Grinberg, pude realizar várias viagens em seu avião em visita aos missionários na vasta Amazônia. De tempos em tempos, íamos a Jacareacanga, no Pará, para estar com os missionários, Pr. Hans Bieri e sua esposa, Edith.

Eles nasceram na Suíça e, ao sentirem o chamado de Deus, vieram servir junto aos índios da tribo Munduruku. Eu me impressionava ao ver como eles se identificaram com os índios na língua e na sua cultura.

Na última vez que estive com o casal Bieri, aconteceu algo que me emocionou. Quando estávamos entrando no barco que nos levaria da aldeia à Jacareacanga, um índio veio correndo e colocou um papelote na minha mão. Ao abrir encontrei ali três pepitas de ouro. Era algo que eu vinha desejando fazia muito tempo! Através daquele índio, com seu rosto pintado, na margem do lindo rio Tapajós, Deus satisfez um desejo do meu coração. As três pepitas ainda estão comigo, bem guardadas, numa prova de que, no tempo certo, os simples desejos são atendidos pelo Senhor.

Quem sabe você, leitor, tenha algum desejo bem guardado no seu coração. Converse com Deus sobre isso. Leia, em oração, os primeiros versículos do Salmo 37. Entregue esse desejo ao Senhor, confie nele e, se for da Sua vontade, a coisa vai acontecer. Espere nele!

> *"Rendei graças ao Senhor,*
> *porque ele é bom, porque a sua misericórdia*
> *dura para sempre."* —SALMO 118:1

25

O apoio imprescindível

MANOEL OLIVEIRA E sua esposa, já com bastante idade, costumavam sentar no mesmo lugar no salão de cultos da igreja onde eu era pastor em Porto Alegre. A presença deles era constante e a simpatia que irradiavam era o bom perfume de Cristo envolvendo a todos.

Porém, Deus nos chamou para a obra missionária, e seguimos para Carolina, no Maranhão. Passados três anos, viajamos ao sul do Brasil em férias, e fui convidado a falar naquela igreja. Ao entrar no salão de cultos, dei falta do irmão Manoel e de sua esposa. Perguntei por eles ao pastor da igreja, meu querido amigo Helmuth Matschulat. Ele disse que ambos estavam com a saúde bastante prejudicada e só de vez em quando participavam dos cultos. Manifestei o desejo de visitá-los.

No dia seguinte, fomos à casa deles, que ficava num bairro muito humilde. A alegria do reencontro foi enorme. Conversamos bastante e eu falei do que tínhamos feito no campo missionário. Numa certa altura, o irmão Manoel disse: "Pastor Mitt, desde que o irmão saiu da nossa igreja, três anos atrás, todos os dias, eu e a minha esposa, pela manhã e à noite, temos orado pelo irmão e sua família". Que palavra abençoada! Eu não sabia como lhes agradecer por esse apoio espiritual. Ali estava uma explicação para a saúde e proteção que vivenciamos naqueles três anos. Acima de tudo, porém, estava a consciência da aprovação divina sobre tudo aquilo que havíamos realizado no campo missionário.

Tiago, em sua epístola, diz uma coisa muito importante: "Confessai, pois, os vossos pecados uns aos outros e orai uns pelos outros, para serdes curados. Muito pode, por sua eficácia, a súplica do justo" (TIAGO 5:16). Jamais somos capazes de avaliar o alcance e os efeitos da nossa oração.

O apóstolo Paulo me impressiona em muitos aspectos. Ele era um homem extraordinário, capaz de grandes realizações, mas dependia das orações dos cristãos. Veja quantos apelos ele fez para que orassem pelo seu ministério. Aos cristãos em Tessalônica, ele disse: "Irmãos, orai por nós" (1 TESSALONICENSES 5:25).

À igreja que estava em Éfeso ele recomendou: "Tomai também o capacete da salvação e a espada do Espírito, que é a palavra de Deus; com toda oração e súplica, orando em todo tempo no Espírito e para isto vigiando com toda perseverança e súplica por todos os santos e também por mim; para que me seja dada, no abrir da minha boca, a palavra, para, com intrepidez, fazer conhecido o mistério do evangelho" (EFÉSIOS 6:17-19).

Aos cristãos em Roma, o apóstolo faz o seguinte pedido: "Rogo-vos, pois, irmãos, por nosso Senhor

Jesus Cristo e também pelo amor do Espírito, que luteis juntamente comigo nas orações a Deus a meu favor" (ROMANOS 15:30).

Paulo sabia do valor da oração intercessória, daí ter feito tantos apelos para que orassem por ele. É o mesmo que devemos fazer pelos líderes na obra de Deus, para que o ministério deles consiga os resultados espirituais que o Senhor deseja alcançar através de cada um.

Amado companheiro da Terceira Idade, continue firme no seu trabalho de intercessão. Ore pelos nomes e pelos temas que o Espírito Santo colocar na sua mente e no seu coração. Tenha a certeza de que, no outro lado da linha das suas orações, Deus estará agindo. Você nunca saberá do alcance e dos efeitos da sua intercessão. Siga o conselho do apóstolo Paulo: "Orai sem cessar" (1 TESSALONICENSES 5:17).

"Saúda-vos Epafras, que é dentre vós, servo de Cristo Jesus, o qual se esforça sobremaneira, continuamente, por vós nas orações, para que vos conserveis perfeitos e plenamente convictos em toda a vontade de Deus."
—COLOSSENSES 4:12

26

A oportunidade perdida

EU NÃO GOSTARIA de escrever este capítulo, mas a sua mensagem é muito importante para todos. Quando chegamos ao campo missionário, em Carolina, no Maranhão, ainda jovem, fui tomado por um forte desejo de falar de Cristo. Quando não conseguia falar, eu deixava um folheto evangelístico com a pessoa.

Um dia, entrei na loja do Sr. Edson Queiroz. Ele vendia roupas e tecidos. Nós nos simpatizamos mutuamente já no primeiro encontro. De vez em quando, eu voltava lá para um dedo de prosa, e a conversa sempre chegava ao Senhor Jesus. Quando a amizade já estava bem firme, achei que era o tempo de lhe fazer um convite para uma decisão por Cristo. Eu lhe apresentei o plano de salvação e fiz o apelo para ele se entregar a Jesus. Ele me disse: "Pr. Mitt, não posso fazer esta decisão, porque minha mãe, antes de morrer, me fez prometer que eu nunca seria um crente". Naquele tempo, com uma religião tão enraizada na Virgem Maria, considerar a possibilidade de uma entrega a Cristo significava vir a ser um protestante.

Cerca de 20 anos mais tarde, quando eu era pastor na Primeira Igreja Batista de Copacabana, Marlene estava caminhando numa rua daquele bairro e viu um casal andando bem devagar. Chegou mais perto e percebeu que era o Sr. Edson Queiroz com sua esposa. Ela os saudou e disse: "Eu sou Marlene, esposa do pastor Samuel Mitt". Ele disse: "Eu me lembro do Pr. Mitt, daquele dia quando ele me convidou para entregar a vida a Jesus, e eu não aceitei". Ele havia sentido o bom perfume de Cristo através de mim e ainda se lembrava do dia quando teve a oportunidade de fazer a mais importante decisão da sua vida. Ele preferiu dar mais valor à sua mãe do que a Jesus.

É muito perigoso, em qualquer circunstância, oferecer resistência quando o Espírito Santo fala. A recomendação da Palavra de Deus é clara: "Assim, pois, como diz o Espírito Santo: Hoje, se ouvirdes a sua voz, não endureçais o vosso coração..." (HEBREUS 3:7,8). O efeito da resistência à voz de Deus é a cauterização da consciência. Chega o momento quando a pessoa não mais consegue ouvir a voz de Deus por mais que Ele tente se comunicar.

Nosso filho João Marcos, quando estava com 12 anos, ganhou de presente da sua tia Gerda um despertador capaz de "ressuscitar um morto"! Ele precisava levantar cedo para ir ao colégio. Na primeira manhã, foi aquela beleza. Ao primeiro toque, ele saltou da cama. Os dias foram passando, mas, em vez de se levantar logo, preferia silenciar o despertador e ficar mais um pouco na cama.

Certa noite, eu estava para me deitar quando vi João Marcos abrir a porta e colocar o despertador no chão do nosso quarto. Eu o chamei e lhe perguntei o motivo. Ele respondeu: "O despertador toca e eu não escuto". Ele queria que Marlene ouvisse o despertador e o acordasse. É assim que acontece quando nós ouvimos a voz de Deus e preferimos continuar na vida de pecado. Ele pode falar e, quem sabe, até gritar, mas nós não escutamos. Isso é tremendamente perigoso. Vale como advertência para nós o que aconteceu com Edson Queiroz e com João Marcos.

*"Quem ama seu pai ou sua mãe
mais do que a mim não é digno de mim; quem ama
seu filho ou sua filha mais do que a mim
não é digno de mim; e quem não toma a sua cruz e
vem após mim não é digno de mim."*
—MATEUS 10:37,38

27

Quando Deus escolhe alguém

JORGE RAMOS NASCEU na cidade de Cochabamba, que fica na parte central da Bolívia. Em sua juventude, teve contato com o nosso conterrâneo Luiz Carlos Prestes e se converteu à ideologia comunista. Tornou-se guerrilheiro.

Havia um forte movimento contra o governo da Bolívia, tanto é que o cubano Che Guevara se juntou aos guerrilheiros e acabou sendo morto nesse país. Em Santa Cruz de la Sierra, Jorge Ramos se encontrou com o missionário brasileiro Pr. Waldomiro Mota, de quem recebeu uma Bíblia. Creio que a admiração de Jorge pelo Pastor Mota surgiu porque ele era um homem corajoso e decidido em suas ações. A consequência foi a conversão de Jorge a Cristo. Os companheiros de guerrilha não gostaram e passaram a persegui-lo. Ele sofreu horrores, mas permaneceu firme com Jesus. Resultou que Jorge Ramos sentiu a chamada para o ministério e veio estudar no Seminário Teológico Batista do Sul do Brasil, no Rio de Janeiro. Quando Deus escolhe alguém, Ele realiza milagres.

Tive o primeiro contato com ele quando ingressei naquele seminário, em 1955. Na verdade, ele foi o primeiro boliviano que conheci na minha vida. Ele não era de muito falar, tanto é que só fiquei sabendo da história da sua vida quando ele deu uma palestra a um grupo de casais da Igreja Batista do Bacacheri, em Curitiba.

Terminados os estudos no seminário, agora Pastor Jorge Ramos, liderou a igreja em Ibaiti, no Paraná, onde encontrou a jovem Ester Chueiri, com quem se casou e formou uma linda família.

Após dez anos em Ibaiti, ele foi pastorear, também por dez anos, a Igreja Batista de Rolândia, no norte do Paraná. De lá, dirigiu-se a Curitiba e se integrou nas atividades da Igreja Batista do Bacacheri.

Olho para essa linda família que o Pr. Jorge e Ester formaram e vejo a confirmação do que o salmista diz: "Bem-aventurado aquele que teme ao Senhor e anda nos seus caminhos! [...] Tua esposa, no interior de tua casa, será como a videira frutífera; teus filhos, como rebentos da oliveira, à roda da tua mesa. Eis como será abençoado o homem que teme ao Senhor!" (SALMO 128:1,3,4). Imagino a algazarra que aqueles quatro filhas e um filho faziam à volta da mesa! Ah, saudade!

Pr. Jorge Ramos faleceu aos 84 anos, mas até aquela longa idade o bom perfume de Cristo continuou a ser sentido por todos quantos se encontravam ao seu redor. Louvado seja o Senhor por tão abençoada vida!

Sou grato à irmã Ester Ramos pela ajuda que me deu na preparação deste texto. Que Deus continue a abençoá-la, juntamente com seus filhos e netos! A Deus seja o louvor e a glória pela vida de cada um deles!

Resta-me dizer que, através do Pr. Jorge Ramos, passei a amar o povo boliviano. Na década de 1970, Deus nos fez chegar a Santa Cruz de la Sierra para o cumprimento de uma missão. Foi um tempo de grande valor espiritual para nossa família. O nosso amor pelo povo boliviano e, por extensão, pelos povos andinos, cresceu em grande medida. Sou muito agradecido a Deus por tudo quanto nos aconteceu no contexto boliviano.

> *"Aleluia! Bem-aventurado o homem que teme ao*
> Senhor *e se compraz nos seus mandamentos.*
> *A sua descendência será poderosa na terra;*
> *será abençoada a geração dos justos."*
> —SALMO 112:1,2

28

Deus cuida de mim

O JOÃO-DE-BARRO É também chamado de forneiro, porque a casa que constrói para ali ter seu ninho tem uma aparência de forno. É o pássaro-símbolo da Argentina, assim como o canário é o pássaro-símbolo do Brasil.

É um pássaro muito inteligente, porque escolhe bem os locais onde vai construir sua casa. Geralmente a entrada está voltada para o nascente do sol e assim pode receber os seus raios na parte da manhã. O formato da casa impede que os gaviões, tucanos e outras aves de rapina consigam alcançar os filhotes.

Vale a pena a gente investir tempo observando o joão-de-barro na construção da sua casa. O barro precisa estar suficientemente mole para ser usado. Com que paciência as paredes são levantadas e o teto acaba cobrindo tudo!

Deus nos deu uma lição através de um joão-de-barro que resolveu construir sua casa no galho de um pinheiro que pode ser visto da sacada do nosso apartamento. Se o joão-de-barro é um pássaro inteligente, aquele, a meu ver, era insensato, porque escolheu mal o galho para ali instalar sua casa.

Como se sabe, à medida que o pinheiro cresce, os galhos na parte de baixo vão ficando fracos e com o tempo acabam caindo. Pois foi exatamente no galho da parte de baixo, que o joão-de-barro resolveu construir sua casa. Vindo um temporal, aquele galho seria um dos primeiros a cair.

Não foi o que aconteceu. A tempestade chegou e houve um "milagre". O galho onde estava o ninho partiu a um metro do tronco, deixando a casa do joão-de-barro intacta como prova de que Deus cuida dos pássaros. "Se Ele cuida das aves", assim como diz o hino, "cuidará de mim também".

Jesus, no seu belo Sermão do Monte, nos convida a observar os pássaros. São dele estas palavras: "Observai as aves do céu: não semeiam, não colhem, nem ajuntam em celeiros; contudo, vosso Pai Celeste as sustenta. Porventura, não valeis vós muito mais do que as aves?" (MATEUS 6:26). Essa palavra não é um convite para uma vida ociosa, mas é uma chamada para depositarmos nossa confiança na providência de Deus.

Mais adiante, no sermão, Jesus continua dizendo: "Portanto, não vos inquieteis, dizendo: Que comeremos? Que beberemos? Ou: Com que nos vestiremos?"; e arremata dizendo: "Pois vosso Pai celeste sabe que necessitais de todas elas; buscai, pois, em primeiro lugar, o seu reino e a sua justiça, e todas estas coisas vos serão acrescentadas" (MATEUS 6:31-33). O apóstolo Paulo faz um dueto com Jesus ao dizer: "Não andeis ansiosos de coisa alguma…" (FILIPENSES 4:6).

Quando, pela graça de Deus, conseguimos chegar à Terceira Idade, nossa mente começa a ser tomada por uma série de preocupações com a saúde, as limitações financeiras, os filhos, os netos e mil coisas mais. Aquele galho de pinheiro partido e a casa do joão-de-barro a salvo são um convite para descansarmos naquele que prometeu estar conosco até o fim, porque assim Ele falou: "De maneira alguma te deixarei, nunca jamais te abandonarei" (HEBREUS 13:5). O salmista acrescenta: "Confia os teus cuidados ao SENHOR, e ele te susterá; jamais permitirá que o justo seja abalado" (SALMO 55:22).

*"Assim, afirmemos confiantemente:
O Senhor é o meu auxílio, não temerei;
que me poderá fazer o homem?"*
—HEBREUS 13:6

29

Olhe para a cruz

EU SABIA DA existência de Verner Grinberg pelas notícias que chegavam dizendo que morava no sul de Minas e que costumava levar pastores, no seu avião, em visita a Rincón del Tigre, na Bolívia, onde a Associação das Igrejas Letas do Brasil mantinha uma Missão entre os índios Ayoréos. Vim conhecê-lo quando o Pr. Rivas Bretones falou com ele da possibilidade de realizarmos uma viagem em visita aos missionários no interior do Brasil. Ele concordou, e partimos os três, Grinberg, Rivas e eu, numa longa jornada em seu pequeno avião Piper. Visitamos vários missionários residentes ao longo da rodovia Belém-Brasília.

Quando chegamos a Marabá-Pará, era no tempo quando a rodovia Transamazônica estava sendo construída. Vimos as enormes máquinas derrubando as árvores na preparação de uma rodovia que tinha por objetivo integrar a Amazônia à realidade brasileira. Isso foi no ano de 1970.

Nossa viagem se estendeu até Macapá, onde o irmão Grinberg me confidenciou que pretendia comprar um avião mais potente para colocá-lo à disposição da JMN/CBB em viagens nas visitas aos missionários atuantes, principalmente na Amazônia.

Ele de fato comprou um avião Cessna, e pudemos realizar viagens, uma vez por ano, aos locais de difícil acesso naquela vasta região. Foi muito útil porque dificilmente teríamos conseguido alcançar os missionários. O irmão Grinberg foi particularmente importante na consolidação das frentes missionárias na Transamazônica.

Numa das viagens, pernoitamos em Marabá, no Pará, onde pernilongos eram coisa que não faltava. Quando amanheceu, fomos ao aeroporto para seguirmos viagem rumo a Anápolis, Goiás. Embarcamos e, depois de algum tempo, percebi que o irmão Grinberg começou a esfregar os olhos. Passado algum tempo, ele me disse: "Pr. Mitt, por favor, pilote o avião por alguns minutos enquanto durmo um pouco". Ele me disse o que fazer. No painel havia duas linhas, uma vertical e outra horizontal. A linha vertical indicava o rumo e a horizontal, a altitude. O avião tinha dois manches, um na frente do piloto e outro na frente do passageiro, que estava ao lado. Empurrando o manche para frente, o avião descia; puxando, subia. Girando para a direita ou a esquerda, o avião mudava de direção. Dadas essas instruções, Grinberg adormeceu. Você pode imaginar o que passou pela minha cabeça, pois eu nunca havia pilotado um avião! E se ele desmaiou, o que fazer? As indicações eram claras: "Mantenha o rumo e a altitude!".

Deus me mostrou ali uma lição profundamente espiritual. As duas linhas formavam uma cruz e eu devia olhar constantemente para aquela cruz. O autor da epístola aos Hebreus nos adverte: "Portanto, também nós, visto que temos a rodear-nos tão grande nuvem de testemunhas, desembaraçando-nos de todo peso e do pecado que tenazmente nos assedia, corramos, com perseverança, a carreira que nos está proposta, olhando firmemente para o Autor e Consumador da fé, Jesus, o qual, em troca da alegria que lhe estava proposta, suportou a cruz, não fazendo caso da ignomínia, e está assentado à destra do trono de Deus" (HEBREUS 12:1,2). Ao olharmos firmemente para Jesus, estaremos no rumo certo e não desceremos aos caminhos do pecado, ao desastre, à perdição.

Após alguns minutos, que para mim foram horas, o irmão Grinberg acordou, assustado, olhou para o painel e viu que tudo estava em ordem, e assim voltou a assumir o controle do avião. Foi um alívio para mim!

Olhando para Cristo, grande autor da salvação
Prossigo, pois avisto soberano galardão.
De Deus ministro, me revisto do poder do meu Senhor,
Para servi-lo com todo o ardor.
(HCC 560)

30

Deus é, e ponto final

CONHECI O QUERIDO casal Donald e Elizabeth em 1968 quando se hospedaram em nossa casa, no Rio de Janeiro. Ele era professor de Economia na Universidade de Oxford, na Inglaterra. Na preparação de uma tese, veio estudar a economia do nordeste brasileiro. A partir de então, surgiu uma sólida amizade entre nós, que se estendeu ao longo de décadas.

Quando eu estava indo a Estocolmo, Suécia, para um Congresso, em 1975, Donald me convidou para lhes fazer uma visita em Oxford. Estive com eles três dias. Na chegada, me levaram para ver o Castelo de Windsor. Não deu para ver a rainha! Os passeios incluíram uma caminhada pela ponte sobre o rio Tâmisa, defronte ao prédio do Parlamento, e fomos até os jardins do Palácio de Buckingham. Tudo muito lindo e interessante!

Na segunda vez com eles, fui ver os parques. Quanta coisa de encher os olhos! O que me impressionou foi saber que pessoas voluntárias se apresentam para cuidar daqueles parques. Donald me levou também para um *tour* nas dependências da Universidade de Oxford. Para mim, o ponto alto foi quando entramos numa sala onde estavam guardados livros do século 16 e 17. Tive em minhas mãos um exemplar da famosa Bíblia de Gutemberg. Que emoção!

Na terceira visita, fui com minha esposa Marlene. Nossa anfitriã, Elizabeth, esposa de Donald, nos levou para ver locais muito interessantes, como os famosos "cottages", casas muito antigas cobertas por uma grossa camada de palha. Com um ônibus de turismo percorremos as ruas de Oxford.

Donald e Elizabeth estão filiados ao ramo evangélico da Igreja Anglicana. São muito fervorosos e, no seu amor a Cristo, procuram levar outros a uma experiência pessoal com o Senhor. Donald participa de um grupo de reflexão para alcançar as pessoas e trazê-las ao caminho da fé. Certa vez, perguntei-lhe como ele e seus companheiros cristãos enfrentavam a questão do evolucionismo. Ele disse que esse tema não entrava em discussão porque para eles "Deus é, e ponto final!". Ele é o Criador de todo esse mundo maravilhoso ao nosso redor.

Na quarta visita, fui com meu filho João Marcos, que reside em Portugal. Donald e Elizabeth nos levaram a um culto na igreja que eles frequentam. Como foi emocionante tudo aquilo que ali vivenciamos! Os cânticos falavam do Grande Criador do Universo. Falavam também de Jesus, o Salvador. Enquanto participávamos daquele culto, eu não conseguia deixar de me sentir tomado pela emoção de ver, naquele centro de cultura, o Senhor sendo exaltado por um grande grupo de cristãos fervorosos que colocaram em Jesus sua fé e sua esperança. Confirmou-se ali a palavra de

Jesus após a confissão do apóstolo Pedro — "Tu és o Cristo, o Filho do Deus vivo" (MATEUS 16:16) — ao lhe dizer: "Então, Jesus lhe afirmou: Bem-aventurado és, Simão Barjonas, porque não foi carne e sangue que to revelaram, mas meu Pai, que está nos céus. Também eu te digo que tu és Pedro, e sobre esta pedra edificarei a minha igreja, e as portas do inferno não prevalecerão contra ela" (MATEUS 16:17,18). Eu vi ali naquele culto, em Oxford, que as fortalezas da sabedoria e do conhecimento humano não prevalecerão contra o avanço do reino de Deus. Sempre haverá aqueles que, na sua simplicidade, confessarão que "Jesus Cristo é o Senhor"! Aleluia!

"...para que ao nome de Jesus se dobre
todo joelho, nos céus, na terra e debaixo da terra,
e toda língua confesse que
Jesus Cristo é Senhor, para glória de Deus Pai."
—FILIPENSES 2:10,11

31

Ouvidos para ouvir

A VIDA É uma grande escola. Nela, aprendemos em locais nunca imaginados. Aprendi uma preciosa lição num supermercado em Curitiba.

Na gôndola onde estava uma boa quantidade de repolho, escutei um grilo. Se não estava "cantando", estava emitindo seu som característico. Aquilo foi um encanto para os meus ouvidos! Eu jamais imaginaria encontrar um grilo fora do seu habitat, em pleno centro urbano. Ali, descobri a diferença que existe entre escutar e ouvir.

Enquanto eu me extasiava com aquele som, as pessoas ali perto conversavam sem prestar atenção. Elas apenas escutavam. Eu não somente escutava, mas também ouvia. Fiquei observando para ver se alguém mais estaria ouvindo aquele maravilhoso som. Apenas eu consegui ouvir. Assim é também com a voz de Deus. Muita gente escuta, mas não ouve, daí a advertência de Jesus: "Se alguém tem ouvidos para ouvir, ouça" (MARCOS 7:16). No fundo, Ele estava querendo dizer: "Se alguém tem ouvidos para escutar, que ouça".

Outra experiência semelhante vivenciei no centro de Curitiba, numa rua apenas para pedestres. Lá estava um pregador de rua, com a sua Bíblia na mão, falando alto. Ninguém parava para ouvir, apenas escutavam. Eu falei com Jesus e lhe disse: "Senhor, estou ouvindo a Tua voz através deste pregador". Aqui se aplica a palavra de Jesus quando disse: "As minhas ovelhas ouvem a minha voz; eu as conheço, e elas me seguem" (JOÃO 10:27).

Poucas semanas após o falecimento da querida Marlene, em 2010, eu caminhava pela rua quando, mais uma vez, ouvi a voz de Deus através de uma música que vinha de uma caixa de som. Um grupo de peruanos, com seus instrumentos típicos, tocava a melodia do hino "Mais perto quero estar" (CC 283). Que emoção! Era Deus consolando meu coração através daquela melodia.

Outra experiência que vivi foi quando estive em Foz do Iguaçu e presenciei as Cataratas pela primeira vez. Fiquei sem palavras. Só podia exclamar: "Meu Deus! Meu Deus!". Era o Salmo 19:1 acontecendo na frente dos meus olhos: "Os céus proclamam a glória de Deus, e o firmamento anuncia as obras das suas mãos". Eu escutava o estrondo ensurdecedor daquele enorme volume de água caindo e, através de tudo aquilo, eu ouvia a voz de Deus. Foi inesquecível!

Deus tem formas estranhas para nos falar. É preciso que nos acostumemos não apenas a escutar quando Ele fala, mas também ouvi-lo naquilo que nos quer revelar. É preciso treinar, dia após dia, nossos ouvidos espirituais, para podermos ouvir a Sua voz. Vale a pena praticar!

*"Então, veio o Senhor, e ali esteve,
e chamou como das outras vezes: Samuel, Samuel!
Este respondeu: Fala, porque o teu servo ouve."*
—1 SAMUEL 3:10

32

As infalíveis respostas de Deus

O TEMPO QUE passamos na Bolívia, na década de 1970, foi relativamente curto, mas foi de grande intensidade. Meus filhos, Angela, Davi e João Marcos, foram estudar no Colégio Batista Boliviano-Brasileiro, em Santa Cruz de la Sierra, e aprenderam a falar o espanhol fluentemente. Marlene foi eleita presidente da União Feminina Missionária Batista Boliviana, cargo esse que ela exerceu com muita dedicação.

Nossos filhos aproveitaram bem o seu tempo. Angela continuou a estudar música com uma professora da Nova Zelândia. Davi ingressou num curso de inglês. João Marcos foi um leitor voraz, devorando livros e aprofundando seus conhecimentos na língua espanhola.

Meu trabalho consistiu no apoio à Terceira Igreja Batista de Santa Cruz, além de administrar o Seminário Batista do Oriente Boliviano. Fui eleito presidente da Convenção Batista Boliviana e, nessa qualidade, fiz visitas às igrejas da Convenção.

Uma das viagens me levou a Cobija, capital do Departamento de Pando, onde trabalhava o casal de missionários Pr. Horácio e Ana Maria Wanderley. Passei vários dias com eles e tive a oportunidade de visitar a Igreja Batista localizada no outro lado do rio Acre, em Brasileia, no território brasileiro.

Era uma quarta-feira, quando a igreja se reunia para o culto de oração. Deram-me a palavra e, porque a igreja estava sem pastor, queriam que eu de alguma forma pudesse ajudá-los. Fiz o melhor que pude, indicando-lhes o caminho da oração.

Tomei o texto em Mateus 7:7, que diz: "Pedi, e dar-se-vos-á; buscai e achareis; batei, e abrir-se-vos-á". Comecei explicando que no texto há três verbos no imperativo e três promessas, e todas as cláusulas são ligadas por uma conjunção. Aquela ligação é uma espécie de "super cola", uma cola que une de forma inseparável duas partes. Segundo a palavra de Jesus, se pedirmos, devemos esperar, com certeza, a resposta.

Perguntei àqueles irmãos se estavam dispostos a orar pedindo a Deus que lhes enviasse um pastor. Eles concordaram, e vários irmãos levantaram um clamor. Quando essa parte terminou, perguntei se eles, baseados na palavra de Jesus, acreditavam que Deus já havia ouvido as orações que ali foram feitas. Mais uma vez disseram que sim, e eu convidei todos para que, juntos, agradecêssemos a resposta que Deus lhes daria no tempo oportuno. Foi algo notável o que aconteceu ali. Com muita fé, todos ajoelhados, agradecemos por antecipação a resposta às orações.

Alguns dias depois, um pastor de nome Miguel passou por Brasileia, conheceu a igreja e aceitou o convite para ser o seu pastor. Glórias ao Senhor! De fato, Deus ouve e atende às nossas orações. Às vezes Ele diz "sim", outras vezes "não", e em outras ocasiões Ele diz "espere e cresça na fé" até que você tenha condições de ver a resposta à sua oração!

"E esta é a confiança que temos para com ele: que, se pedirmos alguma coisa segundo a sua vontade, ele nos ouve. E, se sabemos que ele nos ouve quanto ao que lhe pedimos, estamos certos de que obtemos os pedidos que lhe temos feito."
—1 JOÃO 5:14,15

33

A glória de Deus

DOIS TEXTOS, NA primeira epístola do apóstolo Paulo aos cristãos da cidade de Corinto, sempre me intrigaram. Um deles aparece no capítulo 6: "Acaso, não sabeis que o vosso corpo é santuário do Espírito Santo, que está em vós, o qual tendes da parte de Deus, e que não sois de vós mesmos? Porque fostes comprados por preço. Agora, pois, glorificai a Deus no vosso corpo" (vv.19,20). O outro texto se encontra no capítulo 10: "Portanto, quer comais, quer bebais ou façais outra coisa qualquer, fazei tudo para a glória de Deus" (v.31). Eu sempre me perguntava: "O que é a 'glória de Deus'?".

Escutei muitos pregadores pela internet falando sobre esse tema. Na sua essência, essa glória se manifesta na grandeza, majestade, poder, sabedoria, amor e tantos outros atributos de Deus. O salmista nos convida a erguer os olhos para o alto na seguinte afirmação: "Os céus proclamam a glória de Deus, e o firmamento anuncia as obras das suas mãos. Um dia discursa a outro dia, e uma noite revela conhecimento a outra noite" (SALMO 19:1,2). Ao contemplarmos o céu estrelado, numa noite sem luar, ficamos extasiados diante de tanta beleza. Vemos as constelações, e o nosso coração tem uma resposta: "Deus existe". Ali está manifesta a glória dele através da Sua criação.

Glorificar a Deus vendo a obra da Sua criação era fácil para mim, mas sempre surgiam as questões: Como posso glorificar a Deus no meu corpo e no meu espírito, os quais pertencem a Ele? Como posso glorificá-lo quando me sento à mesa para uma refeição? Minhas perguntas foram respondidas quando o Senhor me mostrou que, em última análise, glorifico a Deus vivenciando, no meu dia a dia, o fruto do Espírito Santo.

"Mas o fruto do Espírito é: amor, alegria, paz, longanimidade, benignidade, bondade, fidelidade, mansidão, domínio próprio" (GÁLATAS 5:22,23). Esse fruto tem tudo a ver com o meu corpo, o meu espírito, o meu pensar e o meu agir.

Somos mordomos do nosso corpo e do nosso espírito. Eles pertencem a Deus. A mente deve ser muito bem cuidada, conforme o apóstolo Paulo recomenda aos cristãos em Filipos: "Finalmente, irmãos, tudo o que é verdadeiro, tudo o que é respeitável, tudo o que é justo, tudo o que é puro, tudo o que é amável, tudo o que é de boa fama, se alguma virtude há e se algum louvor existe, seja isso o que ocupe o vosso pensamento" (FILIPENSES 4:8). Aos cristãos da cidade de Colossos ele escreveu: "Pensai nas coisas lá do alto, não nas que são aqui da terra; porque morrestes, e a vossa vida está oculta juntamente com Cristo, em Deus" (COLOSSENSES 3:2,3). Eu glorifico a Deus com a minha mente quando exerço um cuidadoso controle sobre os meus pensamentos. Daí a necessidade de eu estar constantemente renovando minha mente com a memorização de novos versículos da Palavra de Deus.

Sou responsável pelo bom funcionamento do meu corpo. Com o passar dos anos, vamos descobrindo aquilo que é benéfico para nosso corpo e, da mesma forma, aquilo que nos é prejudicial. Coloco aqui um exemplo. Na década de 1980, descobri que Coca-Cola me fazia mal porque prejudicava meu sono. Eu tive de escolher entre o café e a Coca-Cola. Não podia ficar com os dois. Decidi ficar com o café, e a Coca-Cola foi eliminada completamente do meu programa de vida. Hoje estão completos 34 anos sem aquela bebida! O mesmo se aplica a tudo o mais que sabemos ser prejudicial à nossa saúde. É uma questão de domínio próprio. Glorificamos a Deus à mesa quando estabelecemos um limite naquilo que comemos. Todo o excesso é prejudicial. Vale lembrar o que Tiago exorta: "Portanto, aquele que sabe que deve fazer o bem e não o faz nisso está pecando" (TIAGO 4:17).

Leitor amigo, espero que, através dessas considerações, você tenha conseguido entender algo mais sobre o que significa "glorificar a Deus". Como recomendação final faço uma sugestão: comece a memorizar novos versículos bíblicos. Você pode dizer que sua mente está "enferrujada", não consegue mais decorar. Faça uma tentativa. Escolha decorar um versículo por semana. É só começar! Aos poucos a mente entra em funcionamento. Vale a pena tentar. Deus estará com você nesse processo. É mais fácil glorificar a Deus com o coração cheio da Sua Palavra.

*"Guardo no coração as tuas palavras,
para não pecar contra ti."*
—SALMO 119:11

34

Um céu sem a cruz

QUANDO CHEGAMOS AO Maranhão, em 1962, meu deslumbramento foi total. Sempre gostei de observar as estrelas e procurava encontrar as constelações. Mas estar em Carolina, onde a vida corria em função de lamparinas e lampiões, a coisa era diferente. A usina hidrelétrica que fornecia eletricidade para a cidade era de baixa potência; por isso as lâmpadas só conseguiam permanecer acesas de madrugada. Era a hora das donas de casa passarem a roupa.

Consegui uma carta celeste e aprendi a descobrir as constelações vistas somente no hemisfério norte. O fato é que Carolina não fica muito distante da linha do Equador. Vi pela primeira vez as constelações de Ursa Maior e Ursa Menor. Lá se podiam ver outras constelações: Órion, Capricórnio, Plêiades, Escorpião etc. Tudo era muito lindo, mas eu sentia falta do nosso querido Cruzeiro do Sul, que é visto apenas no hemisfério sul.

Eu me lembrava do tempo de serviço no Centro de Preparação dos Oficiais da Reserva (CPOR), quando o sargento nos mostrava como podíamos nos orientar à noite para descobrir onde ficava o sul. Ele dizia que bastava olhar o Cruzeiro do Sul, localizar o eixo mais comprido e multiplicar por quatro esse eixo, em linha reta, e traçar mentalmente uma vertical na direção do solo. Ali estava, aproximadamente, o ponto que indicava o polo sul. Como eu dizia, o céu visto no hemisfério norte era esplendoroso, mas faltava a cruz do Cruzeiro do Sul.

É o mesmo que vem acontecendo nas pregações de hoje em dia. Fala-se muito de prosperidade, das bênçãos que vêm de Deus, da segurança, da proteção, da saúde e de mil coisas mais. Já não se ouve uma pregação que aponte para a cruz do Calvário, onde Cristo morreu para nos salvar. Já não se ouve falar em pecado nas pregações, nem de arrependimento e de uma completa mudança de vida pelo novo nascimento gerado pelo Espírito Santo.

Uma vez estive nos Estados Unidos, e o meu anfitrião, um amigo muito querido, levou-me para ver uma catedral evangélica. Tudo muito lindo, de encher os olhos. A pregação naquela igreja era voltada para a Teologia do Pensamento Positivo. Recebi um livro, escrito pelo pastor daquela igreja, e fiquei pasmo com o que li. No pensamento dele, nunca se deve dizer que o homem é um pecador, porque isso gera um pensamento negativo. Fale da bondade existente no coração do ser humano e isso o tornará bom. Tudo isso, segundo ele, aconteceria com a ajuda de Deus. O Senhor, neste caso, seria apenas um auxiliar para ajudar o homem a ser bom.

Isso me fez ir a Filadélfia, cidade situada à margem do rio Tocantins. Nós íamos lá aos domingos para ajudar os irmãos de uma pequena igreja. Ao passarmos pela Praça da Matriz, observei uma laranjeira cheia de laranjas maduras. Ninguém as apanhava. Só mais tarde descobri que eram laranjas amargas.

Para transformar aquela árvore, só mesmo um corte radical no tronco e a colocação de um enxerto com a haste de uma laranjeira de boa qualidade. O mesmo se aplica ao ser humano. Não adianta tentar melhorar a natureza humana sem levar em conta a mensagem da cruz, que fala da morte, sepultamento e ressurreição de Jesus. Só por meio de Jesus as mudanças acontecem. Só por Ele se pode chegar ao Céu!

Foi Jesus que abriu o caminho pra o Céu,
Não há outro meio de ir.
Nunca irei entrar no celeste lar
Se o caminho da cruz errar.

(CC 306)

35

Obediência imediata

A NOSSA FAMÍLIA saiu de Santa Catarina para Curitiba em 1943, porque meu pai, gerente industrial, recebeu a tarefa de abrir nessa capital uma filial da empresa onde trabalhava. Um imóvel foi comprado, e nos fundos do terreno começaram a construir um barracão. Nós morávamos na parte da frente do terreno.

Ao escavar, os homens encontraram um cilindro de metal. Aquilo era uma curiosidade para mim. Eu dava marteladas para descobrir o que havia dentro.

Eu gostava de fósforos e de fogo. Volta e meia fazia uma fogueira no centro do terreno. Um dia tive a infeliz ideia de colocar aquele cilindro na fogueira. Ali perto estavam meus três irmãos menores. De repente, saltou daquele cilindro uma labareda, que nos assustou. Nesse instante, ouvi minha mãe me chamando. Quando ela chamava, a obediência tinha de ser imediata. Saí correndo e os irmãos vieram atrás. Ao chegarmos perto de casa houve uma explosão.

Aquele cilindro era um projétil de canhão. Nas imediações havia uma fábrica de material bélico do

Exército. Ninguém sabe como aquela peça de artilharia veio parar naquele terreno.

A explosão fez com que peças de metal fossem lançadas na parede do barracão e penetraram fundo. Se tivéssemos permanecido ali perto da fogueira, não sei o que teria sobrado de nós quatro. Não pergunte o que minha mãe fez comigo depois! Hoje dou graças a Deus porque, na primeira infância, ela me ensinou a obedecer. E tinha de ser uma obediência imediata! Ela não falava duas vezes! Tenho a certeza de que a obediência imediata salvou minha vida no dia daquela explosão.

Encontro na Bíblia três casos dessa forma de obediência. O primeiro foi com Abraão quando recebeu de Deus a ordem de sacrificar seu filho, Isaque. O Senhor lhe disse: "Toma teu filho, teu único filho, Isaque, a quem amas, e vai-te à terra de Moriá; oferece-o ali em holocausto, sobre um dos montes, que eu te mostrarei" (GÊNESIS 22:2). O texto continua dizendo: "Levantou-se, pois, Abraão de madrugada e, tendo preparado o seu jumento, tomou consigo dois dos seus servos e a Isaque, seu filho; rachou lenha para o holocausto e foi para o lugar que Deus lhe havia indicado" (GÊNESIS 22:3). Ele não demorou para executar o que Deus lhe havia pedido.

O segundo caso de obediência imediata vem de José, o padrasto de Jesus. A Palavra de Deus diz que "apareceu um anjo do Senhor a José, em sonho, e disse: Dispõe-te, toma o menino e sua mãe, foge para o Egito e permanece lá até que eu te avise; porque Herodes há de procurar o menino para o matar" (MATEUS 2:13). Veja o que José fez: "Dispondo-se ele, tomou de noite o menino e sua mãe e partiu para o Egito" (MATEUS 2:14). O texto dá a impressão que a partida para o Egito aconteceu na mesma noite ao receber a ordem dada pelo anjo do Senhor.

O terceiro caso de uma obediência imediata, encontramos no apóstolo Paulo quando chegou à cidade de Trôade, na sua segunda viagem missionária. O texto bíblico diz que "À noite, sobreveio a Paulo uma visão na qual um varão macedônio estava em pé e lhe rogava, dizendo: Passa à Macedônia e ajuda-nos" (ATOS 16:9). O que chama atenção é o advérbio "imediatamente" que aparece no versículo seguinte: "Assim que teve a visão, imediatamente, procuramos partir para aquele destino, concluindo que Deus nos havia chamado para lhes anunciar o evangelho (ATOS 16:10).

Concluo dizendo que é do agrado do Senhor que tenhamos a mesma atitude de Abraão, José e Paulo. Ele espera de cada um de nós uma obediência imediata ao Seu comando, porque assim Ele terá a oportunidade de manifestar o bom perfume de Cristo ao mundo através de nós.

"Depois disto, ouvi a voz do Senhor, que dizia:
A quem enviarei, e quem há de ir por nós?
Disse eu: eis-me aqui, envia-me a mim."
—ISAÍAS 6:8

36

Não perca o seu dom

EM 1972, QUANDO eu ocupava o cargo de Diretor Executivo, a Junta de Missões Nacionais da CBB entendeu que precisava implantar uma nova estratégia de trabalhos. Até então, suas atividades eram focadas em escolas de nível primário e dispensários médicos. A nova Lei de Diretrizes e Bases da Educação do Ministério da Educação obrigava a Junta a adequar suas escolas à nova legislação. Para tanto, foi constituído um grupo de trabalho, que estudou a fundo a questão das escolas e dispensários médicos e optou pela atividade denominada "evangelização direta". Foi criada uma logomarca com base em quatro ênfases: Evangelização, Expansão, Consolidação e Participação. Até hoje a JMN/CBB continua a usar aquela logomarca.

Nessa nova fase, a Junta precisava contratar um Diretor Administrativo. Um dos membros da Comissão de Planejamento sugeriu o nome de Paulo Roberto Seabra. Ao entrevistá-lo, vi nele o homem certo para aquela função. Estudante no Seminário Batista do Sul do Brasil, era um jovem que marcava sua presença pela seriedade com que aceitava a execução das tarefas. Um orador brilhante, com alta capacidade administrativa, veio preencher uma importante lacuna nos meus trabalhos.

Naquele tempo, as pessoas chegavam à sede da Junta após o Dia de Missões Nacionais, no 2.º domingo de setembro, e queriam ter um contato comigo para falar das bênçãos na entrega da oferta. Eu vivia sobrecarregado de trabalhos, e nisso Paulo Seabra era uma bênção. Ele recebia as pessoas, conversava com elas, mostrava a sede da Junta e, por último, levava essas pessoas à minha sala para uma rápida saudação. Isso permitia uma extraordinária fluidez na execução das minhas tarefas.

Quando eu precisava de alguém para representar a Junta em algum evento, lá ia o Paulo Seabra. Lembro-me de uma ocasião quando alguém precisava ir à Assembleia da Convenção Batista do Estado de São Paulo. Pedi a Paulo Seabra que fosse, mas eu lhe disse o seguinte: "O pessoal lá em São Paulo vai lhe dar cinco minutos para falar. Prepare-se bem, diga tudo em cinco minutos e veja o que vai acontecer". Dito e feito! Ele falou os cinco minutos, e o presidente da mesa, Pr. Rubens Lopes, lhe deu mais dez minutos, e depois pediu que o povo cantasse o famoso hino "Minha Pátria para Cristo" (CC 439). Que bênção!

Quando encerrei minhas atividades na JMN, em 1978, Paulo Roberto Seabra, agora pastor, foi conduzido ao cargo de Diretor Executivo da Junta. No seu tempo foi criada a metodologia de trabalho chamada "Mutirões Missionários", com a participação de equipes de jovens, em várias partes do Brasil. Foi um grande avanço!

Após cinco anos como Diretor Executivo da JMN, ele foi convidado a assumir o pastorado da Primeira Igreja Batista de Copacabana, trabalho esse que ele realizou com brilhantismo.

Em 1984, ele recebeu o convite para liderar a Primeira Igreja Batista de Fortaleza. Meu último contato se deu em 1989 quando ele veio participar da Campanha de Evangelização da Convenção Batista Portuguesa.

Dias atrás tive a alegre surpresa de saber que o Pr. Paulo Roberto Seabra, já bem avançado nos anos da Terceira Idade, continua firme, no Ceará, usando seus dons para a glória de Deus e assim manifestando o bom perfume de Cristo.

Coloco tudo isso no papel para mostrar que você, na sua idade avançada, também pode ser um valioso instrumento nas mãos de Deus para abençoar outras vidas. Considere o que o apóstolo Paulo escreve sobre o assunto dos dons: "Ora, os dons são diversos, mas o Espírito é o mesmo. E também há diversidade nos serviços, mas o Senhor é o mesmo. E há diversidade nas realizações, mas o mesmo Deus é quem opera tudo em todos. A manifestação do Espírito é concedida a cada um visando a um fim proveitoso" (1 CORÍNTIOS 12:4-7). Em seguida, o apóstolo enumera os dons. Leia em sua Bíblia (1 CORÍNTIOS 12:8-11).

Você, amado leitor, tem pelo menos um dom que lhe foi concedido por Deus. Ele pode se perder por falta de uso. Não o perca! Use-o para a glória de Deus e para abençoar outras vidas. Que o bom perfume de Cristo se manifeste através do uso desse seu dom! Como palavra final eu lhe digo: Não perca o seu dom!

*"Servi uns aos outros, cada um conforme
o dom que recebeu, como bons
despenseiros da multiforme graça de Deus."*
—1 PEDRO 4:10

37

Não rejeite a bênção

NA PREPARAÇÃO PARA a viagem a Portugal, colocamos nossas coisas no apartamento que tínhamos no bairro da Tijuca, Rio de Janeiro, mas não conseguíamos encontrar alguém de confiança para residir ali em nossa ausência.

    Veja como Deus trabalha. Muitas vezes Ele permite que cheguemos ao fim da linha para só então atender nossa oração. É uma questão de fé. Fomos participar do aniversário de uma amiga que residia no bairro de Botafogo. Lá conhecemos Jandir e Alzidea, os pais da moça, que estavam à procura de um apartamento. Ali mesmo, na conversa com o casal, entendemos que o Senhor estava nos mostrando as pessoas que Ele tinha para ficar em nosso apartamento. Acertamos tudo e no momento certo estávamos prontos para embarcar rumo ao nosso novo campo de atividades.

    Por três meses, enquanto nosso filho João Marcos completava o serviço militar na Base Aérea, sempre contou com a valiosa ajuda do casal. Entre eles houve um calor humano que fez bem ao nosso filho.

Terminado o tempo na Base Aérea, João Marcos seguiu para Portugal.

Como Jandir e Alzidea cuidaram do nosso apartamento! Houve necessidades ligadas ao patrimônio e eles se responsabilizaram por tudo. Durante os oito anos que durou o nosso tempo em Portugal, nenhuma preocupação tivemos com o nosso imóvel. Eles cuidaram de tudo, entendendo que, assim fazendo, estavam servindo ao Senhor.

Num período de nossas férias, Marlene e eu passamos alguns dias com o casal, quando então pudemos constatar o fervor como eles cultuavam a Deus. Alzidea certa vez disse algo que ficou na memória e passou a ser uma espécie de "slogan" em nossa casa. Ela falou: "Pastor, não rejeite a bênção! Aceite o que Deus tem para lhe oferecer!".

Precisamos ter olhos espirituais bem abertos para perceber as bênçãos que o Senhor está derramando sobre nossa vida. Nós nos acostumamos às coisas agradáveis, mas as coisas amargas também são necessárias. Nem sempre conseguimos perceber a mão de Deus por trás das coisas que nos chegam. Tudo acaba sendo para o nosso bem, para o nosso crescimento espiritual.

É aqui que se aplica o ensinamento do apóstolo Paulo, quando diz: "Em tudo, dai graças, porque esta é a vontade de Deus em Cristo Jesus para convosco" (1 TESSALONICENSES 5:18). É difícil aceitar um Getsêmani na vida, quando precisamos dizer:

O BOM **PERFUME** DE CRISTO

Não a minha verdade, mas a tua verdade;
Não a minha vontade, mas a tua vontade;
Não os meus descaminhos, mas os caminhos teus.
Que eu reflita e proclame aos amigos e ao mundo
Que só vivo segundo a vontade de Deus.

(HCC 473)

38

Observe o crachá

NO CENTRO DE Curitiba, resolvi entrar numa agência de um banco para sacar alguns reais. Com o banco já em funcionamento, ao me aproximar do caixa eletrônico, um homem bem vestido, de terno e gravata, veio me ajudar. Muito delicado, ele disse que eu precisava renovar, ou melhor, reconfirmar minha senha. Ele disse que, de tempos em tempos, isso era necessário. Ajudou-me até a inserir na máquina o meu cartão. Digitei a senha, retirei o dinheiro e ele me devolveu o cartão. Agradeci e sai do banco.

No ônibus, voltando para casa, comecei a refletir: "Talvez o funcionário do banco tenha memorizado a senha do meu cartão...". Decidi ir à agência onde tenho minha conta para pedir o cancelamento da senha. Entreguei o cartão ao funcionário que me atendeu e então perguntou: "Este cartão é seu? É de uma mulher!". Contei em poucas palavras o que havia acontecido na outra agência, e ele me disse: "O senhor foi assaltado!". Ao abrir minha conta, ele constatou que R$ 800,00 já tinham sido sacados como antecipação do 13.º salário. Aí o funcionário me fez a pergunta: "O senhor percebeu se o indivíduo trazia no peito o crachá do banco?". Eu não tinha observado. Foi a minha falha.

Na chegada em casa, minha irritação não cabia dentro de mim. Não tanto contra o indivíduo que me assaltou, mas contra mim mesmo. Como foi possível, com todo o cuidado que tomo, não ter observado o crachá? Foi quando Deus, através da minha consciência falou: "Filho, outro dia você disse que sua vida era tranquila e que o diabo não o perturbava!". Pura verdade! "É assim que o inimigo trabalha. Sorrateiramente, sem você perceber, ele está ali, agindo, pronto para fazer você cair."

O apóstolo Paulo, na sua segunda carta aos cristãos de Corinto, fala de falsos apóstolos que pregavam um "outro evangelho". São dele estas palavras: "Porque os tais são falsos apóstolos, obreiros fraudulentos, transformando-se em apóstolos de Cristo" (11:13). E ele acrescenta: "E não é de admirar, porque o próprio Satanás se transforma em anjo de luz" (11:14).

O Senhor Jesus tem uma dura palavra contra os falsos profetas: "Acautelai-vos dos falsos profetas, que se vos apresentam disfarçados em ovelhas, mas por dentro são lobos roubadores" (MATEUS 7:15). Ele diz mais: "Muitos, naquele dia, hão de dizer-me: Senhor, Senhor! Porventura, não temos nós profetizado em teu nome, e em teu nome não expelimos demônios, e em teu nome não fizemos muitos milagres? Então, lhes direi explicitamente: nunca vos conheci. Apartai-vos de mim, os que praticais a iniquidade" (MATEUS 7:22,23).

Você, que está na Terceira Idade, com certeza tem muito tempo para ver televisão ou celular. Cuidado! O diabo está ali presente através de imagens e de palavras. Há muita coisa que a gente não precisa ver, nem precisa ouvir. Cuidado com os pregadores que, no final da sua palavra pela internet, fazem aparecer na tela o número de uma conta bancária!

Vale aqui a palavra do apóstolo João: "Amados, não deis crédito a qualquer espírito; antes, provai os espíritos se procedem de Deus, porque muitos falsos profetas têm saído pelo mundo fora" (1 JOÃO 4:1).

Peça a Deus o discernimento para reconhecer a presença de Satanás no contexto da sua vida.

Amado leitor, tenha cuidado! Observe o crachá!

"Quanto ao mais, sede fortalecidos no Senhor e na força do seu poder. Revesti-vos de toda a armadura de Deus, para poderdes ficar firmes contra as ciladas do diabo."
—EFÉSIOS 6:10,11

39

A consolação de Deus

MARLENE E EU seguimos para Portugal, em 1989, a convite da JMM/CBB, para coordenar as atividades daquela Junta na Europa. Fixamos residência na região do Grande Porto, e recebi a incumbência de, entre outros trabalhos, liderar a Igreja Batista de São Mamede de Infesta. Naquela igreja, Marlene encontrou uma adolescente, Sandra Rute, a quem se afeiçoou. Surgiu uma amizade entre as duas e elas se comunicavam com um simples olhar. Coisa linda! Pouco depois da nossa chegada, ela completou 15 anos e tive a alegria de celebrar o culto pela passagem daquela data.

Nosso filho, João Marcos, permaneceu no Rio de Janeiro para completar o seu tempo de serviço militar. Ele veio quatro meses depois e não demorou muito para descobrir a existência da adolescente Sandra. Com o passar do tempo, a amizade deles foi crescendo, e, depois de quatro anos de boas conversas e muita oração, decidiram se casar.

A cerimônia do casamento, em 1993, foi linda. A igreja cheia, com muitos parentes e amigos presentes! O tio da Sandra, Pastor Sifredo, apanhou seu violão e entoou uma canção que ficou ecoando na minha mente. Era como se Deus estivesse falando: "O meu amor é assim! Se não podes entender, deixa estar. O meu amor é assim!". João Marcos e Sandra também fizeram um dueto cantando o famoso "Cântico de Rute", ecoando as palavras bíblicas no livro de Rute (1:16,17). Com as ricas bênçãos do Senhor, João Marcos e Sandra partiram para formar seu lar.

Os dois permaneceram no norte de Portugal, enquanto eu e Marlene desenvolvíamos nossas atividades no sul, em Loulé, na região do Algarve. De tempos em tempos nós nos encontrávamos e sentíamos grande alegria ao ver o bom relacionamento entre os dois. No início de 1996, voltamos definitivamente ao Brasil e os dois continuaram vivendo na região do Porto.

O filho deles, Marcos, nasceu em 1997, e quando ele estava com um ano e pouco, João Marcos e Sandra resolveram passar um tempo conosco em Curitiba. Com muita alegria e gratidão a Deus, vivemos momentos muito felizes. Sandra cantava para Marcos uma cantiga que dizia:

A Palavra de Deus é semente
Vai caindo, caindo, caindo.
Quando todos pensam que está morta,
Vai nascendo, brotando e crescendo.

Ninguém consegue explicar o que aconteceu. Sandra começou a sentir uma forte dor de cabeça. Levada ao hospital, foi constatado que estava com meningite. A coisa se agravou com a presença de herpes no organismo.

A equipe médica do Hospital Evangélico fez de tudo, mas nada adiantou. Sandra faleceu nos seus 25 anos. A dor que sentimos foi imensa, mas a consolação veio através do texto bíblico: "Porque a tua graça é melhor do que a vida; os meus lábios te louvam" (SALMO 63:3). E também através da palavra do apóstolo Paulo na carta aos cristãos de Roma: "Sabemos que todas as coisas cooperam para o bem daqueles que amam a Deus, daqueles que são chamados segundo o seu propósito" (ROMANOS 8:28).

Um tocante culto foi realizado na Igreja Batista do Bacacheri, ministrado pelo Pr. Luís Roberto Silvado. Quanta dor, mas, ao mesmo tempo, quanta gratidão pela curta, porém abençoada vida da nossa querida Sandra!

Depois dos trâmites legais, acompanhamos o traslado do corpo a Portugal. Um culto foi realizado na mesma igreja onde tinha sido a cerimônia de casamento. Que multidão ali presente! Quantos ramalhetes de flores! Novamente o Pastor Sifredo cantou: "O meu amor é assim! Se não podes entender, deixa estar. O meu amor é assim!". Em meio àquela imensa dor, fomos envolvidos pelo infinito amor de Deus, entendendo a realidade do que o salmista disse: "O caminho de Deus é perfeito; a palavra do SENHOR é provada; ele é escudo para todos os que nele se refugiam" (SALMOS 18:30).

Muitos anos depois, em 2012, fiz uma série de estudos a respeito do luto e fui convidado a ministrar uma aula no Ensino a distância (EAD) da Faculdade Batista do Paraná. Falei aos estudantes sobre as minhas perdas (o recém-nascido Marcos, Sandra e Marlene), e como Deus me consolou. Gostaram tanto do que eu disse que pediram para falar a outro grupo do EAD no semestre seguinte.

O Pr. Luís Roberto Silvado pediu que eu falasse sobre o tema na Igreja Batista do Bacacheri. Com base no que o apóstolo Paulo escreveu aos cristãos de Corinto (2 CORÍNTIOS 1:3,4), falei à igreja dizendo que não devemos guardar conosco a consolação que recebemos da parte do Senhor. Devemos ser o bom perfume de Cristo, usando a mesma consolação que recebemos para ministrar aos outros em sua dor. Eu não podia imaginar que aquela mensagem de 36 minutos fosse colocada na internet. Ela aparece no *YouTube* com o título: "Samuel Mitt: luto, perdas e ganhos", e já conta com mais de 7.000 visualizações.

Amigo leitor, se você passou por algum sofrimento qualquer e foi consolado por Deus, não guarde para si essa consolação. Passe adiante! Busque aqueles que estejam sofrendo e lhes diga como Deus confortou o seu coração. Permita que o bom perfume da consolação de Cristo traga alívio àqueles que estejam chorando por alguma dolorosa perda. Seja um fator de bênção para outras pessoas!

> *"Pela fé, Abel ofereceu a Deus mais excelente sacrifício do que Caim; pelo qual obteve testemunho de ser justo, tendo a aprovação de Deus quanto às suas ofertas. Por meio dela, também mesmo depois de morto, ainda fala."* —HEBREUS 11:4

40

O ângulo de Deus

EM 1991, FUI a Braga, no norte de Portugal, para comprar uma passagem até Viena, porque era minha tarefa dar assistência aos missionários da Junta de Missões Mundiais da CBB. Lá morava o Pr. Paulo Moreira, e juntos seguiríamos a Romênia onde ele ministrava estudos a vários grupos de líderes das igrejas.

Era novembro, quando os dias, perto do inverno europeu, eram mais curtos. Estacionei o carro numa área descoberta e, com o cartão de crédito fornecido pela nossa Junta Missionária, segui para a agência de turismo. Quando lá cheguei, coloquei a mão no bolso e não encontrei o cartão de crédito. Voltei ao carro e fiz de tudo para descobrir onde teria ficado o tal cartão. Cheguei a abrir o porta-malas, e nada. A angústia tomou conta de mim. Instintivamente, fiz uma oração em estoniano, a língua materna dos meus pais: "Jeesus aita mind!" (Jesus me ajuda!).

Tive a ideia de telefonar para a JMM, no Rio de Janeiro, para pedir o cancelamento do cartão. Fui a uma loja ali perto e pedi que fizessem uma ligação a cobrar. Disseram que isso só seria possível na agência telefônica. Como era longe, tive de voltar ao carro. Com a noite totalmente escura fui me aproximando do carro e ali o "milagre" aconteceu. Vi o cartão brilhando no chão! Aleluia! Glórias ao Senhor! O que aconteceu?

Quando eu estava me aproximando do carro, meus olhos se colocaram numa posição chamada de "ângulo de Deus". A luz de uma única lâmpada incidiu no cartão e o brilho chegou aos meus olhos. Se eu estivesse uns cinco centímetros fora daquele ponto, eu não teria conseguido ver aquele cartão.

A alegria foi tanta que não pude me conter. Chamei a moça que estava passando por ali e lhe contei o que havia acontecido. É o mesmo que ocorre quando vivenciamos o maior milagre da nossa vida, o encontro com Cristo. A alegria é imensa e a paz é indescritível. Queremos contar essa bênção a todos quantos passarem pela nossa vida. Com o passar dos anos, nosso entusiasmo por Jesus diminui e deixamos de sentir a alegria do momento do nosso primeiro encontro com Ele. Precisamos voltar ao nosso primeiro amor, conforme expressa o lindo cântico que gosto de ouvir:

Quero voltar ao início de tudo,
Encontrar-me contigo Senhor.
Quero rever meus conceitos, valores,
Eu quero reconstruir.
Vou regressar ao caminho!
Vou ver as primeiras obras, Senhor!
Eu me arrependo, Senhor!

O BOM **PERFUME** DE CRISTO

Me arrependo, Senhor!
Eu quero voltar ao primeiro amor,
Ao primeiro amor,
Eu quero voltar pra Deus!

41

Mais Ele, menos eu...

FILHO DO QUERIDO casal de missionários Dr. A. Ben Oliver e D. Edith, Bruce sentiu o chamado de Deus, preparou-se e veio ministrar no Brasil, como missionário, para servir no Nordeste. Sediado em Corrente, no sul do Piauí, ele usava o avião pertencente à Missão Batista do Norte do Brasil para as suas atividades. Desejo falar de três momentos com ele, quando aprendi preciosas lições.

O primeiro momento foi em 1964, quando ele veio ao meu encontro na cidade de Araguatins, situada na margem do rio Araguaia, na região norte do então estado de Goiás, hoje Tocantins. Naquele ano estava acontecendo a Campanha Nacional de Evangelização por todo o Brasil. Pr. Bruce Oliver era o Coordenador da Campanha na região do Nordeste, e eu era responsável pela Campanha junto ao rio Tocantins. No dia seguinte, em seu avião, partimos rumo a Araguaína.

Naquele tempo de voo, conversamos sobre os planos da Campanha. De repente, ele pediu que eu baixasse a cabeça e fechasse os olhos. Depois de alguns segundos, perguntou: "O avião está fazendo uma curva para a direita ou está indo para a esquerda?". Ainda com os olhos fechados, eu disse: "Está indo para direita". Quando abri os olhos foi aquela surpresa. O avião estava fazendo uma curva fechada para a esquerda. Ele concluiu a experiência citando Provérbios 14:12 "Há caminho que ao homem parece direito, mas ao cabo dá em caminhos de morte". Daí o sábio autor de Provérbios dizer: "Confia no SENHOR de todo o teu coração e não te estribes no teu próprio entendimento. Reconhece-o em todos os teus caminhos, e ele endireitará as tuas veredas. Não sejas sábio aos teus próprios olhos; teme ao SENHOR e aparta-te do mal" (3:5-7).

O segundo momento aconteceu quando eu já era o diretor executivo da Junta de Missões Nacionais da CBB. Fui convidado a realizar uma atividade em Corrente, e fiquei hospedado na casa dele. Ali aprendi outra lição ao conhecer um pé de jacarandá-roxo. Haviam cortado uma árvore, e fui ver o tronco de perto. Que lição!

Quando o jacarandá-roxo é apenas um arbusto, o tronco tem uma cor clara. Com o passar do tempo, começa a surgir, no centro, o âmago de cor escura. Ao crescer, a parte escura aumenta e a parte clara vai diminuindo. Depois de muitos anos, a parte clara desparece e só fica a parte roxa. É essa parte roxa que os marceneiros usam na fabricação de móveis de alta qualidade. Para mim, a lição espiritual veio através da palavra de João Batista quando deu este testemunho a respeito de Jesus: "É necessário que Ele (Jesus) cresça e eu diminua" (JOÃO 3:30). Este é o propósito de Jesus em nós, até que possamos dizer como o apóstolo Paulo: "Já não sou eu quem vive, mas Cristo vive em mim" (GÁLATAS 2:20).

O terceiro momento foi quando Bruce veio visitar seu grande amigo Sofonias de Souza. A amizade entre eles vem do tempo quando ambos eram adolescentes em Curitiba. Fui ouvi-lo quando ele foi convidado a pregar na Primeira Igreja Batista de Curitiba. Ele falou sobre uma viagem que fez ao sul do Brasil em companhia de outro piloto. No meio da viagem, perguntou ao colega: "Suponhamos que haja uma pane e as luzes do avião se apaguem. Como você se orientaria na escuridão?". O próprio Bruce deu a explicação: "Ali está o Cruzeiro do Sul, que sempre aponta para a direção sul". Basta olhar para ele!

Na aplicação da mensagem, ele falou sobre o significado da cruz de Cristo para o cristão. Não a cruz carregada como um enfeite no pescoço ou na lapela. Nem a cruz que aparece nas igrejas, mas a cruz que fala da morte de Jesus pelos nossos pecados e que resulta em uma nova vida para todos que aceitam aquele sacrifício expiatório. Foi uma mensagem com um profundo conteúdo espiritual.

Sim, eu amo a mensagem da cruz;
Suas bênçãos eu vou proclamar.
Levarei eu também minha cruz
Até por uma coroa trocar.
(HCC 132)

42

Deus tem sempre o melhor

A FÉ, QUANDO está ancorada em Deus, tem uma voz inconfundível. Foi o que eu percebi em 1975, no final da segunda etapa da Operação Transtotal, na Transamazônica. Estive lá como diretor executivo da JMN/CBB. Encerradas as atividades, fui a Altamira, para ali apanhar o avião rumo à minha casa, no Rio de Janeiro. Meu percurso estava definido: Altamira-Belém-Rio. Aconteceu que, no check-in, o funcionário do aeroporto informou que minha passagem, no trecho Belém-Rio, estava na lista de espera. Era o dia 23 de dezembro. O aeroporto estava lotado de funcionários do governo que passariam o Natal com seus familiares.

Na chegada a Belém, fui informado que não havia qualquer possibilidade de eu seguir para o Rio antes do Natal. A solução seria a Vasp [N.E.: Extinta companhia área que operava na época.] me encaminhar para um hotel. Naquele momento, a fé entrou em ação. Tive a intuição de perguntar se o trecho Belém-Rio poderia ser alterado para Belém-Brasília-Rio, mas o atendente disse que só garantia o trecho Belém-Brasília. A fé me disse que eu podia seguir por aquele caminho. Parti rumo a Brasília convicto de que Deus se encarregaria de me fazer chegar ao Rio de Janeiro antes do Natal. E foi exatamente o que aconteceu.

A Vasp, devido ao grande número de passageiros, decidiu colocar um enorme quadrimotor Electra para acomodar a todos. O avião era tão grande que sobraram lugares. Eu até pude me esticar porque dois assentos ao meu lado estavam vagos!

Ao me sentar naquele avião, pensei no pessoal em Belém que foi encaminhado aos hotéis, e eu ali, naquele conforto indo passar o Natal junto à minha família! Fui dominado pela certeza de que, Deus, na Sua infinita bondade, sempre tem o melhor para nós. Podemos passar por momentos de perplexidade, sem saber o que fazer, mas a fé sempre aponta o melhor caminho, o caminho traçado por Deus. Vale a pena confiar nele em qualquer situação da vida!

Quem sabe você, leitor, esteja agora vivenciando alguma situação aflitiva, sem qualquer solução à vista. Deixe que Deus, através da fé em Sua sábia providência, guie você. Ao obedecer à voz da fé, você perceberá que Deus sempre tem o melhor para os que nele confiam.

*"Porque eu, o SENHOR, teu Deus,
te tomo pela tua mão direita e te digo:
Não temas, que eu te ajudo."*
—ISAÍAS 41:13

43

O lugar da bênção

O ORVALHO SEMPRE me encanta, especialmente quando aparece numa rosa, condensado na forma de gotas que refletem a luz do sol.

O Algarve, em Portugal, é uma região muito árida devido aos ventos secos que vêm do deserto do Saara, na África. Quando fomos morar naquela região, eu me surpreendia ao ver as plantas sempre verdes apesar do ar seco. O segredo era o orvalho que descia de madrugada sobre a vegetação graças ao vento úmido vindo do mar.

Quando eu era pastor na Primeira Igreja Batista de Copacabana, fui convidado para o aniversário de uma jovem e pediram que eu desse uma palavra. Decidi falar com base no Salmo 103. Como apareceu um compromisso inadiável naquela noite, pedi ao meu auxiliar, o seminarista Geraldo Pereira, que me substituísse. Eu lhe disse que pretendia falar sobre o Salmo 103, que começa assim: "Bendize, ó minha alma, ao SENHOR, e tudo o que há em mim bendiga ao seu santo nome. Bendize, ó minha alma, ao SENHOR, e não te esqueças de nem um só de seus benefícios" (vv.1,2). Ele aceitou o convite.

Fui ao meu compromisso, e este acabou bem antes do que eu imaginava. Constatei que daria tempo de chegar à casa da jovem para a festa e fiquei surpreso ao ver Geraldo falando sobre o Salmo 133, e não o Salmo 103. O que ele disse ficou bem gravado na minha memória. Sua palavra foi sobre o valor do orvalho no desenvolvimento das plantas.

O Salmo 133 fala do amor fraternal nos seguintes termos: "Oh! como é bom e agradável viverem unidos os irmãos!" (v.1). O salmista compara esse amor fraternal ao orvalho ao dizer: "É como o orvalho do Hermom, que desce sobre os montes de Sião.

Ali, ordena o SENHOR a sua bênção e a vida para sempre" (v.3). O orvalho vindo do Senhor enriquece a amizade e faz com que haja uma perfeita harmonia entre as pessoas.

Aplicando o tema às pessoas da Terceira Idade, constatamos a necessidade de haver mais orvalho vindo do Céu para que exista harmonia entre as pessoas. Com o passar dos anos, nós nos fechamos em nós mesmos e não mais procuramos fortalecer a amizade com outras pessoas. Precisamos pedir a Deus que nos conceda esse orvalho do Céu para que o amor fraternal seja uma realidade em nossa vida. É nesse contexto de amor fraternal que o "Senhor ordena a bênção e a vida para sempre". É nesse contexto também que o bom perfume de Cristo se manifesta.

*Benditos laços são
Os do fraterno amor,
Que nesta santa comunhão
Nos unem ao Senhor.*
(CC 379)

44

Nem mais um passo

NESTE CAPÍTULO, QUERO trazer uma advertência a você que perdeu seu cônjuge e sente uma tremenda saudade. Quem sabe esteja curtindo um luto que teima em não terminar. Você se sente triste, saudoso e vulnerável. Falo por experiência própria, porque Marlene, minha querida esposa, partiu faz nove anos. Li muita coisa sobre o luto e também aprendi coisas importantes.

A lembrança me leva a um casal que Marlene e eu admirávamos muito. Ele trabalhava numa instituição financeira e os dois tinham uma vida confortável. Costumavam viajar juntos, e quando ele participava de uma reunião, ela sempre estava ali ao seu lado. Chegou o momento doloroso quando ela subitamente faleceu. Ele se sentiu perdido, desarvorado. Apareceu uma senhora bem-disposta para ajudá-lo a suportar aquela tristeza e solidão. O que ele não sabia, e nem imaginava, era que por trás daquela aparência simpática havia outros interesses. Ela via os cifrões da sua situação financeira. Casaram e em pouco tempo ela conseguiu transferir os bens dele para a sua conta pessoal. Ele ficou numa situação deplorável quando ela decidiu abandoná-lo. Não sei se ele procurou alguma ajuda nos primeiros tempos da sua viuvez. O fato é que ele se deixou levar pelos sentimentos e deu no que deu.

Os especialistas dizem que na hora do luto nenhuma decisão importante deve ser tomada. Vender algum imóvel, abrir um negócio, casar. É preciso dar tempo ao tempo para que as emoções encontrem guarida sob o comando da razão iluminada pelo Espírito Santo. Ele fala e é importante que aprendamos a ouvir Sua voz. Ela pode vir de várias fontes. É só prestar atenção.

Marlene e eu, em Portugal, decidimos dar um passeio até o Cabo de São Vicente, no extremo oeste do Algarve. Vimos ali o mar muito agitado se lançando contra as rochas. O dia era esplendoroso, mas o vento era tão forte que eu não conseguia ficar em pé sem me balançar. Foi uma experiência e tanto.

Na volta passamos pelo local onde funcionou, no tempo das descobertas, a famosa Escola de Sagres. Mais adiante decidimos dar uma chegada à praia do Carvoeiro e ver as suas imponentes falésias. Marlene estava cansada e preferiu ficar no carro. Eu fui caminhando na direção da borda da falésia, mas, de repente, ouvi uma voz aqui no meu íntimo, dizendo: "Nem mais um passo!". Ali estava o perigo que poderia dar cabo da minha vida. É que, com o vento, as falésias tomam uma forma côncava e muita gente já morreu pisando naquele chão que não indica qualquer presença de perigo. A queda, a partir daquela altura, é fatal.

Você, viúvo ou viúva cristã, tem dentro de si um dispositivo preparado por Deus para lhe mostrar onde mora o perigo. É a voz do Espírito Santo que usa a Palavra de Deus e a sua intuição espiritual para lhe dizer: "Nem mais um passo!". Cuide do seu coração. Deixe que o Senhor o controle e conforte. No tempo certo, e se for esta a Sua vontade, as coisas acontecerão naturalmente. Não deixe de dar atenção à voz que lhe chega, vinda do Céu: "Nem mais um passo!".

> *"Pondera a vereda de teus pés, e todos*
> *os teus caminhos sejam retos.*
> *Não declines nem para a direita nem para*
> *a esquerda; retira o teu pé do mal."*
> —PROVÉRBIOS 4:26,27

45

A mensagem em um cálice

GUARDO COM MUITO carinho um cálice que recebi em visita a uma igreja nos Estados Unidos. Disseram-me que ele foi feito com uma liga formada por dez metais. Tem a cor de estanho, não perde o brilho e traz consigo uma mensagem para o meu coração. Vejo nesse cálice uma representação do somatório das experiências vivenciadas ao longo da vida. Experiências alegres e tristes, umas doces e outras amargas. Muitas vivências foram aparentemente sem propósito, sem qualquer explicação. O certo é que, assim como o artesão que confeccionou aquele cálice tinha algo em mente ao traçar cada linha daquela bela peça, Deus também sabe tudo a respeito de nós, daquilo que será útil para o nosso aperfeiçoamento.

Dentro daquele cálice, conservo uma pedra que apanhei na orla do mar perto da cidade do Porto, em Portugal. Já estando de volta ao Brasil após nossos oito anos cumprindo a missão naquele país, para lá retornamos em 2007 para o nascimento do nosso querido neto, Marcos. Marlene e eu aproveitamos o tempo para dar um passeio naquela orla. Ali encontrei aquela pedra, que tem o formato de um ovo. Uma pedra simplesmente perfeita. Quase não dá para acreditar que a natureza pudesse formar algo com aquela perfeição.

Aprendi uma preciosa lição vendo essa pedra. O mar, na região do Porto, sofre o efeito de fortes ventos e as ondas batem com muita força contra as rochas. Ao longo de centenas de anos naquela constante agitação, as pedras acabam ficando totalmente lisas, sem qualquer ponto áspero. Aquela superfície lisa é o resultado de um permanente atrito com outras pedras.

Aqui entra o capítulo do nosso relacionamento com outros seres humanos. Não sabemos o porquê de o Senhor colocar certas pessoas em nosso caminho, cuja presença nos causa mal-estar. Lembro-me de uma palestra que o saudoso Pr. Avelino Ferreira apresentou num encontro de homens da Igreja Batista do Bacacheri, em Curitiba. Pedi para ele falar sobre o tema: "Como se relacionar com pessoas de difícil trato". Ele disse que, em primeiro lugar, precisamos ter "jogo de cintura", isto é, devemos aprender a enfrentar o relacionamento com a necessária habilidade. Em segundo lugar, precisamos ter "bom senso", a capacidade de bem avaliar, com inteligência, cada situação. Em terceiro lugar, é preciso que tenhamos a "humildade de Cristo", entendendo que Jesus pode estar falando a nós através dessa pessoa. Em quarto lugar, finalmente, admitirmos a possibilidade de a pessoa estar certa, e nós estarmos errados. Agindo assim, estaremos nos tornando mais semelhantes a Cristo. Em última análise, estaremos permitindo que o Seu bom perfume alcance as pessoas ao nosso redor.

*"Revesti-vos, pois, como eleitos de Deus,
santos e amados, de ternos afetos de misericórdia,
de bondade, de humildade, de mansidão,
de longanimidade. Suportai-vos uns aos outros,
perdoai-vos mutuamente, caso alguém
tenha motivo de queixa contra outrem. Assim como
o Senhor vos perdoou, assim também perdoai vós."*
—COLOSSENSES 3:12,13

46

As surpreendentes provisões de Deus

QUANDO ESTÁVAMOS EM Portugal, com frequência recebíamos uma palavra nestes termos: "Você, que está para se aposentar, lembre-se de que, na volta ao Brasil, sua vida vai ser em função do real!". É que lá vivíamos sustentados pela Junta de Missões no Brasil, e o pagamento era em dólar. Não havia preocupações financeiras, ainda mais porque a inflação, naquela altura em Portugal, era praticamente nula. Bem diferente do Brasil!

Na volta ao Brasil, agora aposentados pelo INSS, Marlene e eu decidimos que "viveríamos pela fé", não falando com ninguém sobre nossas necessidades financeiras. Nossas conversas seriam somente com Deus. Numa certa altura, eu estava com apenas 11 centavos no bolso. Era o tempo quando a moeda de um centavo ainda valia alguma coisa. Na hora do ofertório na Igreja Batista do Bacacheri, senti que Deus me pedia que lhe entregasse esses 11 centavos. Coloquei no envelope das ofertas e foram consagrados ao Senhor.

Dois dias depois, fui ao banco e, ao tirar o extrato, descobri que havia um depósito de R$ 100,00. Perguntei à funcionária do banco se eu poderia descobrir quem foi o depositante. Ela disse que era impossível porque o depósito havia sido feito pessoalmente.

Fui falar com minha irmã Kétsia, que morava próximo ao banco. Ela disse que tinha feito, sim, um depósito, mas na conta da sua irmã Gerda. Para provar, apanhou o comprovante do depósito e ali aparecia o meu nome. Que surpresa! Como aconteceu? Ela levou um papel onde aparecia o nome da Gerda e o meu nome, com o número das respectivas contas. Ela tinha pedido que o depósito fosse feito na conta da Gerda, mas o moço do banco se enganou, colocando na minha conta. Foi uma surpreendente provisão de Deus!

Gerda, minha irmã, fez uma poupança ao longo da vida e, ao falecer em 2014, o valor foi dividido pelos seus seis irmãos. Eu decidi que a minha parte seria usada numa viagem a Portugal para estar com meu filho João Marcos, que ali mora desde 1988.

Comecei a fazer os preparativos quando chegou um forte apelo da Igreja Batista do Bacacheri para as obras no Departamento Infantil. Era necessária a ampliação devido ao crescente número de crianças que, com seus pais, chegavam à igreja. Conversei com Deus perguntando qual seria o valor da minha oferta. Ele disse: "Dê tudo!". E como ficaria a viagem a Portugal? Eu decidi que faria um "sacrifício de louvor", ofertando essa viagem ao Senhor.

Acontece que Deus tem surpreendentes provisões. Veio um telefonema do Tácito, marido da minha sobrinha Glacy, que mora na Austrália, dizendo que a filha deles, Elena, havia recebido um bônus do governo australiano pelo nascimento de sua filhinha. Esse bônus seria creditado na minha conta bancária. Maravilha!

João Marcos, por sua vez, telefonou dizendo que tinha recebido a antecipação do seu IRS e podia pagar o valor da metade da passagem. A soma dos dois valores permitiu que eu fosse a Portugal e lá passasse três meses com João Marcos e sua família. De fato, o caminho da fé funciona. Vale a pena viver pela fé!

"E o meu Deus, segundo a sua riqueza em glória, há de suprir, em Cristo Jesus, cada uma de vossas necessidades."
—FILIPENSES 4:19

47

O brilho da luz de Cristo

MINHA IRMÃ GERDA demorou para se convencer de que precisava ir para um Lar de Idosos. Com seus 90 anos, vivia em seu apartamento, na companhia de uma jovem que trabalhava durante o dia. Nossa preocupação se limitava ao tempo que passava sozinha. Ela conseguia se locomover com a ajuda de uma bengala; e assim ia ao banco e fazia suas compras. Foi necessário que ela passasse por uma experiência convincente. Isso foi quando teve um "branco" no ônibus, na volta para casa, e desceu num ponto errado. Ela não sabia mais onde estava e onde ficava seu apartamento. Começou a chorar e um jovem veio ajudá-la. Felizmente ela tinha anotado com ela o número de telefone da minha filha Angela. O moço telefonou e Angela chegou para levá-la à sua casa. Foi um susto! A partir desse episódio, ela se convenceu de que era o tempo de ir para um Lar de Idosos.

O "xeque-mate" aconteceu na semana seguinte quando Tácito, marido da minha sobrinha Glacy, que mora na Austrália, veio ao Brasil para um evento. Ele aproveitou a viagem para nos visitar. Acertamos um café na casa da Gerda. Ele falou das vantagens de morar num Lar de Idosos desde que esse local ofereça condições satisfatórias de higiene e de atendimento. Tácito, juntamente com Glacy, vive num contexto de um Lar de Idosos, e falava por experiência própria. Foi o bastante para convencer a Gerda.

Nossa irmã Margarida ajudou na pesquisa, e finalmente encontraram um lar pertencente a uma senhora evangélica de origem austríaca, com um nome bastante sugestivo: "Vovó Haus". Sempre ativa em seu novo ambiente, não se conformava em ver os idosos passando tantas horas sentados, vendo televisão, sem fazer nada. Ela pensava que precisavam, assim como ela, desenvolver alguma atividade. Com o passar do tempo ela também chegou às suas limitações físicas. O bom era que a mente continuava lúcida.

Eu costumava visitar minha irmã Gerda e efetuava os pagamentos graças à sua aposentadoria pelos seus trabalhos no serviço público. Certa manhã, fui vê-la. Era uma manhã cheia de sol. Ela estava sentada à frente do janelão voltado para a rua. Para aproveitar esse tempo, ela contava o número de carros que passavam por ali no espaço de uma hora! Começamos a conversar e, de repente, meus olhos viram um brilho saindo do gramado na frente da casa. Achei aquilo muito interessante. Fui ver o que era. Pasmem, era um simples caco de vido refletindo a luz do sol. Que mensagem para o meu coração!

Podemos ser um simples caco de vidro aos olhos do mundo, mas é importante que as pessoas vejam o brilho da luz de Cristo através de nós. Em nossas palavras, atitudes, ações, reações etc. Amado leitor, não importa a sua idade, deixe que o brilho do Senhor Jesus apareça para alegrar a vida de alguém, assim como aquele rejeitado caco de vidro falou ao meu coração!

*"Assim brilhe também a vossa luz diante
dos homens, para que vejam as vossas boas obras
e glorifiquem a vosso Pai que está nos céus."*
—MATEUS 5:16

48

Total dependência de Deus

VOU CONTAR UMA experiência que vivenciei quando tive de depender totalmente do Senhor. Isto aconteceu nos Estados Unidos quando fui convidado a participar de uma atividade promovida pela chamada Junta de Richmond da Convenção Batista do Sul daquele país. Naquela altura, na década de 1970, eu era o diretor executivo da JMN/CBB. Fui acompanhar o Pr. João Falcão Sobrinho, executivo da Convenção Batista Brasileira, e o Pr. Ronald Boswell, missionário da mencionada organização.

Terminado o evento, seguimos para Jacksonville, na Flórida, onde visitaríamos algumas igrejas. O que eu não sabia era que estaríamos, cada um de nós, em alguma igreja para dar uma palavra. Eu sabia me comunicar em inglês, mas pregar em inglês era outa coisa! No sábado, o colega Pr. Falcão disse que eu precisava colocar tudo por escrito porque, na hora de pregar, poderia "dar um branco". Tentei colocar no papel, mas faltou tempo.

Após o café, no hotel, o pastor da igreja que eu visitaria chegou. Pasmem, num Fusca alemão! Era uma preciosidade para os americanos naquela época. Quando ele me disse que a sua igreja estava com 1200 membros eu me assustei. Eu pensava que a membresia fosse de uns 300 membros. Na chegada à igreja, vi o pátio de estacionamento cheio de carros.

Meu coração ficou palpitando quando o pastor me levou ao seu gabinete e, após algumas palavras, me conduziu a uma sala onde estavam os diáconos para a oração preparatória ao culto. Eram 34 diáconos. Eu me sentia como uma "ovelha muda perante os seus tosquiadores". O coração bateu mais forte quando vi o tamanho do auditório. Quanta gente!

Houve um momento muito especial quando me entregaram uma flor branca. Era pelo Dia dos Pais que estava sendo comemorado naquele domingo. Na hora de falar, em uma total dependência de Deus, pude contar minha experiência vivida com o meu pai. Falei da sua fidelidade ao Senhor e da sua contínua oração pelos seus filhos. Minha palavra, ungida pelo Senhor, falou ao coração de todos.

Vem à lembrança agora a palavra que Jesus deu ao apóstolo Paulo: "Fala e não te cales!" (ATOS 18:9). Quando nos colocamos nas mãos de Deus para que a vontade dele se faça através de nós, Ele mesmo nos capacita para o que for necessário. As palavras chegam aos nossos lábios, e ficamos impressionados com tudo o que podemos dizer. Foi o que aconteceu naquela igreja nos Estados Unidos. Foi o ponto de partida para a entrega de mensagens em várias igrejas a partir de então.

Se você, amigo leitor, receber da parte do Senhor uma tarefa que julgar estar acima das suas forças e da sua aparente capacidade, vá em frente! Firmado em Deus, cumpra a missão que Ele lhe confiar. No final você se surpreenderá com o que Ele fez através de você. Vale a pena experimentar!

> *"Teve Paulo durante a noite uma visão*
> *em que o Senhor lhe disse:*
> *Não temas; pelo contrário, fala e não te cales;*
> *porquanto eu estou contigo,*
> *e ninguém ousará fazer-te mal..."*
> —ATOS 18:9,10

49

Você aceita o desafio?

ACABAMOS DE VIVENCIAR um momento profundamente espiritual, e preciso contar o que aconteceu.

O Pr. Edilson de Holanda Braga, com sua esposa, Lídia, e o filho, Elton, vieram nos visitar. Ele, com 77 anos, continua ativo em Tucuruí, Pará, onde exerce seu ministério, ajudado pelos filhos, há mais de 40 anos. Foi ele que iniciou a igreja ali, no tempo quando foram iniciados os trabalhos de construção da grande usina hidroelétrica.

Tenho uma dívida de gratidão pelo que aconteceu na Rodovia Transamazônica. Ele foi trabalhar ali como missionário voluntário junto aos colonos que chegavam de todas as partes do Brasil. No avião do irmão Verner Grinberg, em companhia do Pr. Bill Morgan, fui visitá-lo, em julho de 1974. Nós o encontramos na Rurópolis Presidente Médici. Tivemos um dia muito cheio, realizando contatos e falando sobre os planos de trabalho para aquela extensa rodovia. Quando estávamos para seguir viagem rumo a Altamira, tivemos um tempo de oração. No quarto do pequeno hotel que o INCRA havia construído, sentimos algo indescritível.

Edilson, Bill, Verner e eu tivemos a clara convicção de que Deus queria a realização de uma ação missionária naquela rodovia, numa extensão de 1.000 km, desde Marabá até Itaituba.

Aquele quarto de hotel foi o berço da grande Operação Transtotal, que foi desencadeada meses mais tarde. O ponto de partida para tudo o que aconteceu foi um momento de oração. Confirmou-se o que Tiago diz em sua epístola: "Muito pode, por sua eficácia, a súplica do justo" (TIAGO 5:16).

Quando minha querida esposa faleceu, preparei um livro em sua memória com o título: "Encontros Decisivos com Deus" (Editora Convicção, 2013). Nele, relatei momentos significativos vividos no contexto missionário e incluí dois capítulos sobre a Operação Transtotal. Pr. Edilson não conhecia esse livro e fiz a leitura do capítulo "O Berço das Operações Trans", em que aparece o que aconteceu naquele hotel do INCRA, na Rurópolis. Ele ficou muito emocionado e, ao receber o livro, ajoelhou-se e fez uma oração, ungida pelo Espírito Santo. Como aquele momento falou ao meu coração! Que poder espiritual em suas palavras! Que profundidade em tudo aquilo que falou ao Senhor!

O encontro em minha casa terminou com louvores e gratidão a Deus pelas recordações do que Ele realizou através da Operação Transtotal e de muitas outras Operações Trans que aconteceram em tantas partes do Brasil. O ponto de partida foi a oração, e ela continua a ser o começo para tudo o que Deus quer realizar no Brasil e no mundo.

Chegando próximo ao final deste livro, desafio você, querido leitor, para juntos fazermos um pacto de oração, clamando por um despertamento espiritual, a nível nacional e mundial.

"Ó Senhor, aviva a tua obra no decorrer dos anos, faz que ela seja conhecida no decorrer dos anos..." (HABACUQUE 3:2 ALMEIDA SÉCULO 21).

Tenho a certeza de que, assim como a chama do despertamento surgiu naquele pequeno quarto de hotel, na Transamazônica, pode hoje também surgir desde que estejamos dispostos a pagar o preço de passarmos longo tempo com a Palavra de Deus e em fervorosas orações.

Numa certa ocasião, Deus me falou fortemente através do texto: "Dizei entre as nações: Reina o Senhor" (SALMO 96:10). Que possamos anunciar ao mundo que, no Brasil, o Senhor reina! Isso será realidade através da nossa intercessão.

Em todas as partes do mundo, Deus está chamando pessoas para serem "guardiões-intercessores". São aqueles que estão em permanente prontidão para, a qualquer momento, serem convocados pelo Comandante Geral, o Senhor Jesus Cristo, para atuarem no ministério da intercessão. Você aceita o desafio para também ser um "guardião-intercessor"?

Eu aceito o desafio
Viverei por Cristo Jesus.
Em palavras, ações e atitudes
Refletirei sua luz.

(HCC 543)

50

Túneis da vida

QUERO FALAR SOBRE três túneis e as lições que através deles aprendi.

O primeiro, que chamo de "túnel da fé", fica no Rio de Janeiro, ligando a Praça da Bandeira ao Jardim Botânico, através do Elevado Paulo de Frontin. Por que, para mim, tem esse nome? É que, para você atravessá-lo, precisa ter muita fé. As gangues de marginais costumam praticar ali os chamados "arrastões". Um grupo fecha o trânsito, e o outro grupo passa saqueando os motoristas e os passageiros dos carros.

Os túneis servem para atravessarmos obstáculos que surgem no caminho. Muitas vezes Deus precisa abrir um caminho para nós através desses obstáculos e, para tanto, é necessário que coloquemos em prática nossa fé em Sua providência. Nessa firme confiança, o obstáculo é vencido, e depois cantamos e agradecemos ao Senhor pela forma como Ele nos ajudou.

O segundo túnel encontra-se na cidade do Porto, pouco antes de o trem chegar à Estação de São Bento. Dou-lhe o nome de "túnel da autoanálise", e pelo fato de o túnel não ter iluminação externa, as luzes do vagão se acendem; e assim podemos ver nossa imagem refletida no vidro da janela do vagão.

Quando passamos por um túnel da vida, na forma de uma penosa dificuldade, temos a oportunidade de questionar nossas convicções, nossos valores e nossas atitudes. É o tempo oportuno para fazermos a oração do salmista: "Sonda-me, ó Deus, e conhece o meu coração, prova-me e conhece os meus pensamentos; vê se há em mim algum caminho mau e guia-me pelo caminho eterno" (SALMO 139:23,24).

O terceiro túnel, que chamo de "túnel do momento final", encontrei na estrada que liga Juiz de Fora ao Rio de Janeiro, passando por uma serra na altura de Petrópolis. Dirigindo o carro, na volta para casa, no Rio de Janeiro, enfrentei um nevoeiro tão denso que eu não conseguia ver bem a estrada. Acendi os faróis, diminui a velocidade e procurei me guiar pelas marcas no centro e na beira da estrada. Era tudo branco em volta. Eu não conseguia enxergar nada além daquelas marcas. De repente surgiu um túnel maravilhosamente iluminado. Que alívio! Na saída do túnel, o total assombro ao ver um dia claro, cheio de sol, com o olhar alcançando até a linha do horizonte.

Esse túnel me fala do "momento final" que todo ser humano, mais cedo ou mais tarde, terá de enfrentar. O cristão sabe que o seu futuro com Jesus está garantido e, com firme confiança, enfrenta a morte, na certeza de que do outro lado o Sol da Justiça estará iluminado e alegrando sua vida. Naquele momento, o cristão exclamará: "O aguilhão da morte é o pecado, e a força do pecado é a lei. Graças a Deus, que nos dá a

vitória por intermédio de nosso Senhor Jesus Cristo"
(1 CORÍNTIOS 15:56,58).

> *Quando no vale da morte eu entrar:*
> *Cristo pra mim! Cristo pra mim!*
> *Quando perante meu Deus me encontrar:*
> *Cristo pra mim! Cristo pra mim!*
> *Só no teu sangue confio, Senhor!*
> *Só no teu sempre imutável amor!*
> *Ainda outra vez cantarei:*
> *Cristo pra mim! Cristo pra mim!*
> (CC 393)

Uma família estava viajando, com o rádio sintonizado numa emissora evangélica. Eles começaram a cantar o hino que estavam ouvindo. De repente, entraram num túnel, e o rádio ficou mudo, mas eles continuaram cantando. Não pararam de cantar! Quando saíram do túnel, descobriram que estavam no mesmo ponto da música que passaram a ouvir pelo rádio. A surpresa foi geral!

Leitor, se a vida levar você a atravessar algum túnel em sua vida, alguma dolorosa experiência, não pare de cantar. Continue cantando e verá que a "boa, agradável e perfeita vontade de Deus" estará se cumprindo em sua vida.

51

Jamais perca a esperança

ESTE É O penúltimo capítulo e decidi lhe dar este título: "Jamais perca a esperança". Isso foi muito bem ilustrado na vida de Osvaldo Medeiros, que conheci em Araguatins, na margem do rio Araguaia, no tempo quando atuei como missionário naquela localidade.

A Bíblia é o livro da esperança. Em várias passagens, a esperança aparece como substantivo e, em outras, como verbo. Assim, encontramos o profeta Isaías dizendo: "Mas os que esperam no Senhor renovam as suas forças, sobem com asas como águias, correm e não se cansam, caminham e não se fatigam" (ISAÍAS 40:31).

O rei Davi coloca a esperança como um verbo, no imperativo: "Espera pelo Senhor, tem bom ânimo, e fortifique-se o teu coração; espera, pois, pelo Senhor" (SALMO 27:14). A mesma ideia aparece no Salmo 37: "Descansa no Senhor e espera nele..." (v.7).

O profeta Jeremias, em meio ao seu lamento pela destruição da cidade de Jerusalém, exclama: "Todavia, lembro-me também do que pode me dar esperança: Graças ao grande amor do Senhor é que não somos consumidos, pois a suas misericórdias são inesgotáveis. Renovam-se cada manhã; grande é a sua fidelidade! Digo a mim mesmo: A minha porção é o Senhor; por tanto nele porei a minha esperança" (LAMENTAÇÕES 3:21-24 NVI).

O apóstolo Paulo assim se expressa na carta que enviou aos cristãos em Roma: "E o Deus da esperança vos encha de todo o gozo e paz no vosso crer, para que sejais ricos de esperança no poder do Espírito Santo" (ROMANOS 15:13).

Voltemos agora a Osvaldo Medeiros. Ele era membro da Igreja Batista de Araguatins quando eu, morando em Carolina, dava assistência àquela pequena igreja, no estado de Goiás, agora Tocantins.

Um dia, ao visitá-lo em sua casa, ele me contou sua história. No passado tinha sido um inveterado amigo do copo. Vivia embriagado e carregava na cintura seu punhal para se defender de alguma agressão. Então, ele foi ao quarto, apanhou esse punhal e me mostrou.

De vez em quando, ele se encontrava com a missionária Eunice Cunha Xavier, que atuava naquela cidade. Ela lhe dizia: "Osvaldo, você precisa mudar de vida. Entregue sua vida a Jesus!". O conselho dela entrava por um ouvido e saia pelo outro. Ele não conseguia se libertar da bebida. O mesmo conselho ele ouvia do Tenente Gil, crente em Cristo, que morava na cidade de Pedro Afonso. Os dias iam passando, e Osvaldo continuava preso à bebida, mas a missionária Eunice não perdia a esperança. Continuava sempre a insistir com ele para se entregar a Cristo.

Tempos depois, ele foi com alguns companheiros às matas do Pará, e ali contraiu malária. Veio a febre e, com ela, a tremedeira. No meio da sua aflição, longe de qualquer socorro, ecoavam na sua lembrança as recomendações da missionária Eunice e do Tenente Gil: "Entregue a vida a Jesus!". Ele pensou: "Se eu escapar desta, vou tomar a decisão por Jesus".

Os companheiros conseguiram levá-lo até a margem do rio Araguaia, e num barco ele seguiu para Marabá, onde foi hospitalizado. Ali, passou muitos dias e teve tempo para refletir. Quando saiu, voltou a Araguatins. Ele era agora uma nova pessoa. Era um crente em Cristo. Foi um espanto geral! O povo dizia: "Osvaldo virou crente!". Ele se apresentou na Igreja Batista e foi batizado. O bom perfume de Cristo começou a se espalhar naquela cidade através do seu testemunho. Ele se tornou um exemplo vivo de que nunca devemos perder a esperança. O nosso Deus é o Deus da esperança.

Pode ser que você, leitor, tenha algum filho resistente à mensagem do evangelho. Quem sabe tenha um neto ou neta que nada queira saber de Jesus. Continue a orar por eles. Seja um exemplo vivo do poder do evangelho. No tempo certo, a boa semente germinará, crescerá e produzirá frutos. Pode ser que você não veja isso com seus olhos em seu tempo de vida. Firme-se na esperança e na certeza de que Deus fará a Sua parte. Que Deus o abençoe!

"Aquele que é capaz de fazer infinitamente mais do que tudo o que pedimos ou pensamos, de acordo com o seu poder que atua em nós, a ele seja a glória na igreja e em Cristo Jesus, por todas as gerações, para todo o sempre. Amém!" —EFÉSIOS 3:20,21 (NVI)

52

O sentido da vida

LEMBRO-ME MUITO BEM do que aconteceu. Ao completar 15 anos, ingressei no primeiro ano do 2.º grau colegial. Sem qualquer explicação, comecei a sentir um terrível "vazio existencial". Nascido num contexto cristão, eu pautava minha vida pelas normas do evangelho, frequentava os cultos e participava de diversas atividades na igreja da qual eu era membro, a Primeira Igreja Batista de Curitiba. No meu mundo interior, surgiu uma intensa busca pelo "sentido da vida". Qual seria o real propósito da vida humana? Fiz muitas leituras de autoajuda, mas as interrogações permaneciam sem resposta.

Eu ouvia o coro "A. B. Deter", da PIB/Curitiba, cantar:

Minha alma tem paz
Tudo é calmo como um rio;
É a paz que no céu tem o seu manancial
É Deus quem a deu por Jesus em quem confio,
E tu ainda não tens a paz divinal?
(CC 240)

Eu achava tudo aquilo muito lindo, mas a paz interior teimava em não aparecer. Isso se estendeu ao longo de cinco penosos anos. Completei o 2.º grau e, ao mesmo tempo, fiz o curso de técnico de contabilidade. Fui a São Paulo, pensando em estudar Administração Industrial, mas o vazio interior persistia.

Fui passar o Natal de 1954 com meus pais, em Curitiba. Em nossa casa, o momento devocional, na celebração do nascimento de Jesus, era algo sagrado. Meu pai reunia a família e fazia a leitura da passagem bíblica em Lucas 2:1-20. Quando pequenos, isso era feito em estoniano, a língua materna, e depois passou a ser em português. Cantávamos hinos natalinos, havia um tempo de oração e depois era a bendita hora da entrega dos presentes.

Em São Paulo aproveitei meu tempo para estudar canto com uma professora de origem ucraniana e decidi fazer um solo no momento devocional daquele Natal. Por gostar muito do hino "Tal qual estou", iniciei cantando a primeira estrofe:

Tal qual estou eis-me, Senhor
Pois o teu sangue remidor
Verteste pelo pecador;
Ó Salvador, me achego a Ti.
(CC 266)

Foi nesse exato momento que a coisa aconteceu. A voz ficou embargada, e não mais pude continuar cantando. Era chegado o momento decisivo para a entrega da minha vida a Cristo. Foi necessário o quebrantamento do meu obstinado "eu" pelo Espírito Santo para que isso acontecesse. Aí meu pai pediu que todos nos ajoelhássemos e ele fez uma comovente oração. Que paz, que descanso, que alívio senti no meu coração!

Ali entendi o que aconteceu com Cristão retratado no livro *O Peregrino* (Publicações Pão Diário, 2018), de John Bunyan, ao chegar junto à cruz de Jesus. O fardo que carregava nas costas rolou ribanceira abaixo, e ele passou a sentir o alívio que só Cristo pode dar.

Naquela memorável noite de Natal, finalmente, descobri que Jesus é a razão do nosso viver. Só Ele pode dar sentido à nossa vida. Ali terminou minha longa jornada na busca pelo "sentido da vida".

Pode ser que você, amado leitor, ainda não tenha feito sua decisão por Cristo. Inspire-se em tudo aquilo que contei e diga: "Senhor Jesus, agora entendi. Quero começar uma nova vida contigo. Só tu podes preencher o vazio que sinto no meu coração. Reconheço que morreste na cruz pelos meus pecados, foste sepultado e ressuscitaste ao terceiro dia. Eu te aceito como o meu Salvador e o Senhor da minha vida. Seja feita a Tua vontade! Amém".

Que Deus o abençoe em sua decisão!

"E, assim, se alguém está em Cristo,
é nova criatura; as coisas antigas já passaram;
eis que se fizeram novas."
—2 CORÍNTIOS 5:17

Para terminar

CONVIDO VOCÊ PARA juntos fazermos uma viagem imaginária até as cercanias de Belém, na Palestina, onde vamos encontrar um grupo de pastores cuidando dos seus rebanhos, nas vigílias da noite. O coração deles, bem como de todo o povo de Israel, abriga uma **expectativa:** "O Messias virá!". A qualquer momento isso poderá acontecer aqui perto, em Belém, conforme predito pelo profeta Miqueias: "E tu, Belém-Efrata, posto que pequena entre milhares de Judá, de ti sairá o que será Senhor em Israel, e cujas origens são desde os tempos antigos, desde os dias da eternidade" (MIQUEIAS 5:2).

O profeta Isaías chegou até a mencionar como o Messias seria conhecido: "Porque um menino nos nasceu, um filho se nos deu; e o principado está sobre os seus ombros; e o seu nome será Maravilhoso, Conselheiro, Deus Forte, Pai da Eternidade, Príncipe da Paz" (ISAÍAS 9:6).

De repente, "E eis que um anjo do Senhor veio sobre eles, e a glória do Senhor os cercou de resplendor, e tiveram grande temor. E, no mesmo instante, apareceu com o anjo uma multidão dos exércitos celestiais, louvando a Deus e dizendo: Glória a Deus nas alturas, paz na terra, boa vontade para com os homens!"

(LUCAS 2:9,13,14). Eles ficaram extasiados e totalmente deslumbrados diante de uma cena tão espetacular.

Quando tudo terminou, os pastores tiveram a *curiosidade* para ver o que o anjo lhes havia dito: "...eis aqui vos trago novas de grande alegria, que será para todo o povo, pois, na cidade de Davi, vos nasceu hoje o Salvador, que é Cristo, o Senhor" (LUCAS 2:10,11). Eles disseram uns aos outros: "Vamos, pois até Belém e vejamos isso que aconteceu e que o Senhor nos fez saber. E foram apressadamente e acharam Maria, e José, e o menino deitado na manjedoura" (LUCAS 2:15,16).

Os pastores não apenas se alegraram com o que viram, mas "divulgaram a palavra que acerca do menino lhes fora dita" (LUCAS 2:17). Eles não guardaram para si mesmos, mas *compartilharam*, falaram, comunicaram o que haviam visto.

Quatro palavras aparecem nesse acontecimento: *expectativa, deslumbramento, curiosidade e compartilhamento*. Deixo com você, leitor, como lembrete final, essas quatro palavras.

Tenha uma vida de expectativas. Projete seu pensamento naquilo que Deus ainda quer realizar através de você. Comece a sonhar. Olhe para o futuro com *expectativa*.

Aumente o seu potencial de deslumbramento diante das maravilhas que Deus criou. Sinta-se extasiado ao ver um belo amanhecer ou um esplendoroso pôr do sol. Há tanta coisa linda ao seu redor! Basta abrir os olhos e se deslumbrar.

Alimente sua *curiosidade*. Com o passar dos anos, entramos numa rotina enfadonha. Sentimos dificuldade, ou, quem sabe, má-vontade para aprender algo novo, uma nova língua, tocar um instrumento, desenvolver alguma habilidade etc.

Não seja passivo, vendo apenas a televisão ou buscando algo no celular. Ache formas de se comunicar com as pessoas. Fale sobre aquilo que Deus tem feito por você. *Compartilhe* as bênçãos que recebe. Assim fazendo, estará permitindo que o bom perfume de Cristo alcance outras vidas através de você.

Que Deus o abençoe! Amém!